隔代教养

儿童社会情感发展的家庭协作机制

GEDAI JIAOYANG
ERTONG SHEHUI QINGGAN FAZHAN DE
JIATING XIEZUO JIZHI

李艳娟◎著

中国铁道出版社有限公司
CHINA RAILWAY PUBLISHING HOUSE CO., LTD.
北　京

图书在版编目(CIP)数据

隔代教养 ：儿童社会情感发展的家庭协作机制 / 李艳娟著. -- 北京 ：中国铁道出版社有限公司，2025. 6.
ISBN 978-7-113-32409-4

Ⅰ. G782

中国国家版本馆 CIP 数据核字第 2025FJ9365 号

书　　名：隔代教养：儿童社会情感发展的家庭协作机制
作　　者：李艳娟

责任编辑：马真真　　　　**编辑部电话**：(010)51873459
封面设计：崔丽芳
责任校对：刘　畅
责任印制：赵星辰

出版发行：中国铁道出版社有限公司(100054，北京市西城区右安门西街 8 号)
网　　址：https://www.tdpress.com
印　　刷：北京铭成印刷有限公司
版　　次：2025 年 6 月第 1 版　2025 年 6 月第 1 次印刷
开　　本：710 mm×1 000 mm 1/16　**印张**：14　**字数**：180 千
书　　号：ISBN 978-7-113-32409-4
定　　价：59.00 元

前 言

在当代中国城镇化的浪潮中，家庭教育的图景正经历着深刻变革。父辈在职业竞争与育儿责任的夹缝中艰难平衡，祖辈以“育儿支援者”的身份重新走入家庭教育的核心场域。这种代际协作的教养模式，既承载着传统文化的温情延续，也暗含着现代社会的结构性矛盾——当祖辈的“经验之爱”遭遇科学育儿的理性诉求，当“隔代亲”的情感密度碰撞儿童社会情感发展的专业需求，我们不得不追问：隔代教养究竟在塑造怎样的童年？又该如何在代际差异中寻找教育的最优解？

本书以北京市××区的758个代际家庭为观察窗口，透过符号互动理论与人类发展生态学的双重视角，解码隔代教养方式与儿童社会情感能力之间的复杂关联。研究发现：隔代教养呈现出三类典型模式，其中祖辈的情感关怀虽能显著提升儿童的负责任决策与人际交往技能，但过度保护易导致自我管理能力滞后。更值得注意的是，父母教养方式在代际影响中扮演着关键“传导器”角色——城镇家庭隔代教养方式关怀/自主性维度，通过父母教养方式关怀/自主性维度正面预测儿童社会情感能力；城镇家庭隔代教养方式变量某种组合对儿童社会情感发展有影响。这些发现不仅挑战了“隔代教养必然导致溺爱”的刻板认知，更为优化家庭教育生态提供了科学依据。研究过程中，29 个家庭的深度访谈揭示了更具象的教育现场，这些鲜活案例印证了量化数据的结论，也让我们更深刻认识到——隔代教养不是非黑即白的选择题，而是需要智慧平衡的多维方程式。

本书试图在理论与实践之间架设桥梁：既呈现隔代教养的客观规律，也提供家校社协同、代际教育一致性等可操作的解决方案。我们深信，当祖辈的经验智慧与父辈的科学认知形成教育共振，当学校成为代际沟通的“翻译者”与“赋能者”，隔代教养完全可能从无奈之选升华为中国式家庭教育的独特优势。这不仅关乎千万儿童的成长质量，更是对老龄化社会与教育现代化命题的积极回应。

本书即将付梓，值此之际，谨向所有赋予本书生命力的师友致谢。恩师北京师范大学苏君阳教授以“严谨治学，宽厚育人”的学者风范，为我点亮学术之路；北京师范大学教育学部导师组的理论启迪，使我的研究得以扎根厚土；学校领导的支持、学校同仁的实践智慧，让我的学术思考始终贴近教育现场。特别感谢我的家人：父母的言传身教让我初识教育的力量，先生的包容支持使我无惧学术攀登，儿子的成长轨迹既是研究灵感的源泉，更是家庭教育价值的生动注脚。凌晨四点我们母子共守的书桌、越洋电话中传递的鼓励、写作攻坚时的相互赋能，终将凝结为生命中最温暖最珍贵的共同印记。

因水平有限，书中不妥与遗漏之处，敬请广大读者批评指正。

李艳娟

2024 年秋

目　录

第一章　概　述 / 1

第一节　隔代教养的背景与现状 / 2

第二节　隔代教养的界定与研究设计 / 7

第二章　隔代教养方式与儿童社会情感发展研究图谱 / 18

第一节　隔代教养方式 / 19

第二节　社会情感发展 / 33

第三节　隔代教养方式与儿童社会情感发展的关系 / 42

第四节　三个核心概念 / 47

第五节　三大理论基础 / 50

第三章　隔代教养方式的类型与特征分析 / 56

第一节　父母教养方式与隔代教养方式的差异 / 57

第二节　隔代教养方式的类型及其特征 / 60

第三节　中国式隔代教养方式的类型及其特征 / 76

第四章　儿童社会情感发展水平 / 86

第一节　儿童社会情感能力的水平及差异分析 / 87

第二节　儿童社会情感发展特征 / 96

第三节　儿童社会情感发展水平的文化嵌入与实践赋能路径 / 118

第五章　隔代教养方式对儿童社会情感发展的影响分析 / 125

第一节　隔代教养方式与儿童社会情感发展的关系 / 126

第二节　隔代教养方式对儿童社会情感发展的影响机制 / 129

第三节　联合教养家庭中隔代与父母教养方式的交互影响 / 137

第四节　儿童情感社会化的代际传递与动态轨迹 / 159

第六章　代际协同赋能：隔代教养优化的三级干预框架与实践跨越 / 177

第一节　强化父母主导权，重构代际责任边界 / 178

第二节　推动代际教养一致性，化解目标冲突 / 181

第三节　学校干预框架与实施策略 / 185

附　录 / 187

后　记 / 206

参考文献 / 208

第一章

概　述

良好的家庭教育是儿童社会情感发展的基础。随着年轻一代工作压力增加，社会职业流动进程加快，祖辈参与家庭教育的比重增大、程度加深，对儿童社会情感发展的影响愈发显著。隔代教养在切实减轻子女和家庭负担的同时，也显现出一系列亟待解决的问题。特别是在当前生育政策下，祖辈参与教养的比例在很长一段时间内不会出现特别大的变化，隔代教养的影响也不会减弱。因此，必须看到隔代教养的重要性，更要看到隔代教养与父母教养对儿童社会情感发展的共同影响和相互作用。

第一节　隔代教养的背景与现状

在城市化进程加快的社会背景下，祖辈已从传统的辅助性角色逐步转变为家庭教育的重要参与者。这种教养模式的常态化既为儿童社会情感发展带来新的机遇，也引发了关于代际教育理念差异、教养方式科学性的深层思考，由此构成了探讨隔代教养与儿童社会情感发展关系的现实基础与政策语境。

一、关注和支持儿童社会情感需要，是对人的高质量发展的积极回应

党的二十大报告指出："当前，世界之变、时代之变、历史之变正以前所未有的方式展开……人类社会面临前所未有的挑战。"在这一全球和时代巨大变革下，人类面临的挑战和选择前所未有。教育是国家竞争力的核心要素。关注和支持儿童社会情感需求，已成为我国教育高质量发展的核心目标和诉求，也为培养未来社会成员、助力个人实现自身价值提供了重要保障。作为现代人，不仅要有专业的发展，还要有人性的"温度"；不仅要遵守社会规范，还要知道如何与人打交道；不仅要有现代人的主体意识，还要有现代化发展的责任与担当。社会情感作为人格的重要部分，对儿童成长和发展具有深远影响。儿童在适应社会环境、参与社会互动过程中，需要发展

和提升社会情感能力。石义堂等①认为，社会情感是在人的社会化过程中逐步习得的，是在从事社会活动与形成社会关系的过程中产生的独特心理体验和心理感受，伴随着一个人的整个成长过程。关注和支持儿童社会情感需要，不仅有助于儿童更好地适应社会环境，建立良好的人际关系，更是对人的高质量发展的积极回应。

国内外研究表明，儿童社会情感发展的关键阶段是儿童早期（0～5岁）。儿童早期，当情绪和情感在儿童与成人之间进行讯息交流的过程中，如果传递和应答不及时、不顺畅和不恰当，婴幼儿的生存适应便发生困难，不能建立起对别人的信赖感、安全感、依恋感，甚至连生存的生物学前提都会受到影响。缺乏母亲哺育和感情爱抚的儿童，可能会出现发育迟缓、感情淡漠、性格孤僻等问题。近年来发现，儿童控制能力较弱和社会化不足的表现突出，特别是情绪情感问题、心理健康问题严重，导致各种生活领域问题。追溯其原因，往往是早期感情上的适应不良造成的。5岁以前的情感经验对一生具有恒久的影响，孩子如果无法集中注意力，性格猜疑、易怒、悲观、具破坏性、常感焦虑、有各种恐惧的幻想、对自己不满意，未来面对人生的挑战将很难掌握机会发挥潜能，可以说已输在起跑线上。因此，早期关注儿童社会情感发展是教育培养和发展“完整人”的前提和基础。

特别是“双减”政策的落地，为发展素质教育提供了广阔的空间，社会情感能力成为学者和教育政策制定者的普遍关注问题。华东师范大学袁振国教授指出，一个人的发展、成功和幸福，是认知能力和社会与情感能力共同作用的结果②。学习成绩的好坏可以影响个体的受教育程度和学历水平，

---

①石义堂，李守红.“社会情感学习”的内涵、发展及其对基础教育变革的意义[J].当代教育与文化，2013，5(6)：5-10.

②袁振国.教育学的历史转向：关于教育学世界一流学科建设的思考[J].教育研究，2023，520(5)：4-15.

但只有社会情感能力才对事业成功和人生幸福具有决定性意义。社会性和情感的稳步发展，会使幼儿保持积极的心态、稳定的情绪，发展坚毅、专注等积极的学习品质，即使遇到挫折和困难，他们也能寻找原因，不轻言放弃，从而为认知能力的发展奠定坚实的基础。因此，重视和发展儿童的早期情感教育，及时把握敏感期和关键期，关注和支持儿童的情感需要，有助于儿童全方位、多领域的发展，这是很多研究达成的共识。这不仅引起社会和家庭的普遍关注，还提高了很多教育者和政策制定者对社会情感的研究兴趣，家庭教育关于儿童社会情感的研究也已开启。

二、《中华人民共和国家庭教育促进法》的出台和实施，为提升隔代教养质量提供法律依据

随着中国工业化和城市化进程的推进，嵌入在亲缘关系网络中的扩大家庭正慢慢地被核心家庭和主干家庭取代。很多家庭结构出现了祖辈—父辈—孙辈的“纵向”发展趋势，而非兄弟姐妹的“横向”发展。特别是进入21世纪，核心化和小型化已经成为中国家庭最明显的特征。面对城市化竞争的环境，三代家庭结构顶端的祖辈义无反顾地支撑子女家庭，为不成熟、压力大的年轻父辈提供各种实际的帮助。对很多家庭来说，祖辈是最亲近、最值得信任的人，也是“家庭的保护者”、“长者”和“有时间的人”。他们为了子女的家庭幸福和孙辈的安全健康只能“提供帮助”，用自己的经验和智慧、经济条件、时间精力帮助年轻父母缓解养育压力，成为家庭中儿童早期教养的重要力量。相关研究把祖辈对孙辈实施的一系列教育活动和方式都称为隔代教育（余逸群，2001；李赐平，2004）。

隔代教养是以血缘为纽带结成的一种最牢固最可靠的家庭关系。因为血缘，祖辈把孙辈看成自己的血脉传承，是生命延续与对生的愿望的表达，

所以对孙辈倍加呵护，溺爱有加。然而，这也导致了家庭内部的冲突，年轻父辈主责意识不强、胜任力不足。特别是作为独生子女的“80后”“90后”父辈，他们从小娇生惯养，长大后压力重重，事业、婚姻、家庭责任如一层层枷锁禁锢在他们身上。对于养育孩子，他们既期待能培养“完美孩子”，培养一个高水平的竞争者，又不想养，或者不会养、不能养。生而不养、养而不育、育而不当的现象就出现了，所以有些孩子的表现并不尽如人意。孩子的表现和对抚养教育投入的矛盾，都加大了父辈的压力，特别是目前“幼有所育”的保障系统尚不完善，孩子谁来带、如何教育，成为重要命题。

可见，家庭的“合谋”使家庭适应了社会竞争的压力，但“替代”养育使家庭责任界限不清，家庭教育问题凸显。一些家庭的教育方式已演变成违背儿童天性的风险系统，成为阻碍儿童健康成长的“顽瘴痼疾”，对儿童的负面影响逐渐扩大。一些儿童不仅厌学、在学校表现消极，同时缺乏自信心和核心能力，导致网络/手机游戏成瘾等的行为偏差，心理问题比率也不断攀升，甚至出现极端情况下引发的抑郁症等儿童心理疾病。当儿童出现问题时，父辈往往感到很困惑，且不能及时重视和采取措施。因此，父辈角色能力不足、教养技能缺失等，致使儿童问题不断升级，危害儿童的身心健康和发展。这些问题都深刻反映了家庭教育的不足和缺失。2021年10月23日，《中华人民共和国家庭教育促进法》(以下简称《家庭教育促进法》)的出台，标志着“依法带娃”新时代的到来。作为家庭教育主要角色之一，祖辈承担着对孙辈不可推诿的教育职责。因此，必须重视家庭教育的重要性，提升父辈/祖辈的教育能力和教育技能，以确保儿童在健康的环境中成长。

三、祖辈参与教养程度的加深，对儿童社会情感发展影响凸显

隔代教养在中国有着独特的文化传统，同时也有存在和发展的现实

土壤，形成了"中国特色的隔代教养"。中国教育学会家庭教育专业委员会发布的《中国城市家庭教养中的祖辈参与问题调查报告》中的数据显示，有近八成的城市家庭中存在祖辈参与儿童家庭教养的现象，有近六成的家庭采用父辈与祖辈联合教养模式。在部分城市中，参与家庭教养的祖辈成为"老漂"一族。这些"老漂"，他们与子女同住，主要为减轻子女养育压力，承担替代养育或者隔代教养职责。过半数的祖辈参与家庭教养不仅有时间上的投入，在面临儿童有重大开支时还会提供经济支持①。隔代教养在中国城市内已经成为很多家庭不得已的选择，祖辈参与教养的程度也在不断加深。

家庭作为个体生命成长的最初环境，是家庭成员相互交往的重要场所，对儿童社会情感发展起着重要影响。父辈是儿童最初的学习源泉，祖辈作为儿童的早期照顾者，对儿童而言是重要的抚养者和照料者，与儿童的初步发展有很大关系。Tinsley 和 Parke 认为，祖辈在现代生活中保持着相当大的影响力，"许多代际接触"证明了这一点。也有研究表明，隔代教育的儿童更愿意表露情感，与祖辈在一起的儿童，家庭氛围较为和谐，儿童不太会隐藏自己的喜怒哀乐，但也不善于管理自己的情绪情感。在儿童成长过程中，若父辈和祖辈不注意引导其管理自己的情绪情感，当儿童面对不良情境时，就很难调控自己的情绪。大多数祖辈比较顺从孩子，不太会想办法纠正。作为儿童的早期照顾者，祖辈的教养理念和行为引起了家庭和学者的关注。

---

①刘亚娜. 社区视角下老漂族社会融入困境及对策：基于北京社区"北漂老人"的质性研究[J]. 社会保障研究，2016(4)：34-43.

第二节 隔代教养的界定与研究设计

在深入探究隔代教养这一复杂议题时,明确其概念界定以及科学合理地设计研究路径,是确保后续研究能够精准、深入展开的关键基石。本节将聚焦隔代教养的精准定义以及本研究的整体设计框架,为读者梳理出一条清晰的研究脉络,以便更好地理解本书后续丰富而深入的内容。

一、隔代教养的界定

本书研究的隔代教养是广义的界定,是指在祖辈父母一方或双方与第三代有共处的时间,承担某种抚养责任(Goldberg-Glen 等,1998)[①]。这意味着,祖辈与孙辈以任何一种形式居住在一起都可以称为隔代教养,可以是核心家庭,也可以是主干家庭,还可以是三世同堂的家庭。研究认为,隔代教养对儿童社会情感发展有着重要影响,这种影响建立在家庭三代人的关系之上,植根于祖辈与父辈、祖辈与孙辈、祖辈之间的互动之中,通过隔代教养方式对儿童早期情感产生影响,并影响儿童一生。

隔代教养方式的类型与特征、儿童社会情感发展的水平,以及隔代教养方式对儿童社会情感发展的影响等核心议题,将在后续章节重点探讨。

二、研究设计

为了全面、深入地探究隔代教养对儿童社会情感发展的影响机制,本书

①GOLDBERG-GLEN R, SANDS R G, COLE R D, et al. Multigenerational patterns and internal structures in families in which grandparents raise grandchildren[J]. Families in society, 1998, 79(5): 477-489.

采用了混合研究范式。在坚实的理论基础上，融入实证研究的元素，通过量化分析揭示中国隔代教养方式与儿童社会情感发展现状及其相关性；同时，借助质性研究深化对研究内容的拓展与探索，挖掘更深层次的信息与意义。此外，还将利用混合研究的优势，深入剖析隔代教养方式影响儿童社会情感发展的内在机制，并积极探索隔代教养方式中可能存在的积极因素与优势，以期为相关领域的研究与实践提供更为全面、深入的视角与启示。

（一）定量研究方式

后续所有结论的达成都是基于针对北京市××区 40 所中小学开展的调研结果。具体步骤是：通过分层抽样，将学校划分为城区（8 所/477 样本）、城郊（4 所/177 样本）和乡村（28 所/104 样本）三类；采用多主体问卷（学生、父母、教师），经数据清洗与三方匹配后获得有效样本 758 份；聚焦隔代教养现象，将家庭类型划分为隔代家庭（593 户）与非隔代家庭（165 户）。据此，主要开展两方面分析：首先，对两类家庭教养方式进行多维度比较；其次，构建以父母教养方式为中介的模型，专门探讨隔代家庭（剔除 165 户非隔代家庭）对儿童社会情感能力的影响路径与机制。主要突出地域类型分层、数据三角验证及样本特异性控制，以确保结论的生态效度与解释效度。

1. 样本特征

(1)学生样本特征

学生样本特征分布见表 1-1，其中男生 391 人，占总样本的 51.6%，女生 367 人，占总样本的 48.4%；一、二年级学生 252 人，占总样本的 33.2%，三、四年级学生 126 人，占总样本的 16.6%，五、六年级学生 380 人，占总样本的 50.1%；独生子女 567 人，占总样本的 74.8%，非独生子女为 191 人，占总样本的 25.2%；城区家庭 477 人，占总样本的 62.9%，城郊家庭 177 人，占总样本的 23.4%，乡村家庭 104 人，占总样本的 13.7%。

表 1-1　学生样本分布

	类　别	人　数	百分比(%)
性　别	男	391	51.6
	女	367	48.4
年　级	一、二年级	252	33.2
	三、四年级	126	16.6
	五、六年级	380	50.1
独生子女	独生子女	567	74.8
	非独生子女	191	25.2
家庭住址	城区家庭	477	62.9
	城郊家庭	177	23.4
	乡村家庭	104	13.7

注：因四舍五入，百分比总和可能存在微小误差。

(2)父母样本特征

对参与调查家庭的社会经济地位(SES)进行分析，结果发现(见表 1-2)，758 个家庭中，本地户口的家庭为 557 个，占 73.5%；自外地迁入本地的家庭为 201 个，占 26.5%。隔代家庭占 78.2%，非隔代家庭为 21.8%。父亲职业多为企业单位(39.6%)、个体/私营(28.4%)和事业单位(22.6%)，自由职业者仅占 9.4%。母亲职业多为企业单位(35.1%)和事业单位(31.5%)，个体/私营单位和自由职业者各占 19.3%和 14.1%。

表 1-2　家庭和父母特征

	类　别	人　数	百分比(%)
本地/外地	本地家庭	557	73.5
	迁入家庭	201	26.5
隔代/非隔代	隔代家庭	593	78.2
	非隔代家庭	165	21.8

续上表

	类 别	人 数	百分比(%)
父亲职业	事业单位	171	22.6
	企业单位	300	39.6
	个体/私营	216	28.4
	自由职业	71	9.4
母亲职业	事业单位	239	31.5
	企业单位	266	35.1
	个体/私营	146	19.3
	自由职业	107	14.1

2. 研究工具

(1)隔代教养方式

研究以隔代教养方式为主要变量，其也是隔代教养方式对儿童社会情感发展影响的自变量，全面反映祖辈的教养行为的情况和表现。父母教养方式是中介变量。已有研究对隔代教养方式的测量方法并不一致，测量内容也不统一。国内学者主要结合叙事研究和深入访谈法优势，探究两代人不同教育方式形成的原因。国外学者则更注重祖辈参与孙辈养育情况的测量，也有学者主张对祖辈和父辈冲突进行测量。

本书更关注儿童的感知与情感变化，在测量父母教养方式和隔代教养方式这两个变量时，使用的工具是 Parker 等(1979)①编制的父母教养方式问卷(PBI)。该问卷主要测量儿童感知到的父母教养方式，该量表信效度良好，在不同国家和地区都广泛应用。Wilhelm 等(2005)②对非临床样本追踪四年，结果发现 PBI 具有跨时间的稳定性，心情状态和生活经历对 PBI

①PARKER G, TUPLING H, BROWN L B. A parental bonding instrument[J]. British journal of medical psychology, 1979, 52(1): 1-10.

②WILHELM K, NIVEN H, PARKER G, et al. The stability of the parental bonding instrument over a 20-year period[J]. Psychological medicine, 2005, 35(3): 387-393.

的影响很小，表明 PBI 的效度稳定性较强。刘琴等(2009)对 PBI 进行中文版修订，将原来的 25 个条目修改为 24 个，分为关爱、鼓励自主性和控制三个维度。经数据分析后发现，三因素的结构模型具有较好的拟合指数。蒋奖等(2009)[①]的测试问卷则采用原问卷的 25 个条目，对二因素、三因素和四因素模型进行了对比分析。结果发现，三个模型都可以满足不规范拟合指数(NNFI)和比较拟合指数(CFI)在 0.9 以上的条件。

笔者对这一量表进行了初步修订，使其适用于祖辈一父辈共同养育孩子的家庭。通过对比，四因素模型最能满足模型拟合良好的条件，四维度分别为关怀、冷漠/拒绝、过度保护和自主性，克隆巴赫系数(Cronbach 系数)α 分别为 0.787、0.816、0.719、0.767，见表 1-3。

通过对各维度进行抽样适合性检验(KMO 检验)和巴特利特球形检验(Bartlett 球形检验)，可以了解数据是否适合做因子分析。结果发现，各维度 KMO 值的范围为 0.7～0.9，Bartlett 球形检验结果 p 均小于 0.001，球形假设被拒绝，原始变量之间存在相关性，适合进行因子分析。因此，在数据分析时采用四因素模型分析。其中，关怀指的是养育者给孩子的温暖和关心；冷漠/拒绝指的是养育者对孩子冷漠、忽视的程度；过度保护指的是养育者对孩子的过度干涉；自主性指的是养育者给孩子自主选择范围的大小。

表 1-3　隔代教养方式问卷(修订后的 PBI)

维　度	项目数	题　目	α	KMO 值	p
关怀	5	用温和友好的语气与我说话	0.787	0.815	0
		了解我的问题与担忧			
		对我很疼爱			
		经常对我微笑			
		在我心烦意乱的时候，可以让我心情好起来			

①蒋奖，许燕，蒋菁，等. 父母教养方式问卷(PBI)的信效度研究[J]. 心理科学，2009，32(1)：193-196.

续上表

维　度	项目数	题　目	α	KMO值	p
冷漠/拒绝	6	没有给我足够的帮助	0.816	0.839	0
		情感上显得对我冷淡			
		似乎不明白我需要什么和想要什么			
		让我觉得自己是可有可无的			
		不经常与我交谈			
		从不夸奖我			
过度保护	6	不想我长大	0.719	0.785	0
		试图控制我做的每一件事			
		侵犯我的隐私			
		试图让我觉得我离不开她			
		觉得没有她在身边我就不能照顾好自己			
		对我保护过度			
自主性	6	允许我做自己喜欢的事情	0.767	0.847	0
		喜欢让我自己拿主意			
		让我决定自己的事情			
		给我足够自由			
		允许我自由外出			
		允许我随心所欲地选择穿着			

据测算，学生报告的隔代教养方式问卷Cronbach系数α为0.965～0.988。根据蒋奖等(2009)对PBI中文版的信效度研究，四因素模型更优。在四因素模型中，过度保护题目为三因素模型中自主性题目的反向记分题。所以，过度保护维度得分较高，自主性维度得分较低，反之亦然。

(2)社会情感能力

作为另一个重要变量，社会情感能力是隔代教养方式对儿童社会情感发展影响的因变量。社会情感能力分为五个维度：自我认知、自我管理、社会认知、人际交往技能和负责任决策。自我认知指的是学生对自己，以及自己在团体中身份的认识；自我管理是学生对自己行为、注意力的管理程度；社会认知是学生对他人的理解、同情和关怀程度；人际交往技能指的是学生与他人相处、交往的技能；负责任的决策则是学生能否基于社会规范或评估行为后果做出某种行为。

笔者采用三角评估法测量儿童社会情感发展水平，并对小学1～6年级学生进行了社会情感能力调查。三角评估法是经济合作与发展组织（OECD）的一项国际性调查研究发现和成果，是目前使用最多、更被研究者广泛认可的研究方法。它主要结合三种信息来源——学生自我报告、父母报告、教师报告，对学生的行为表现进行全面的测评。笔者之所以使用这种方法，主要是基于学校管理者的身份，可以接触大量学生、学生的父母及教师，与工作内容又直接相关，可以最大可能地降低成本和限制条件。

社会情感能力使用的工具是社会情感能力量表，原问卷是社会情感学习量表。这一问卷由美国学术、社会和情感学习联合组织（CASEL）设计，可以测量学生的社会情感能力，共46个题项。这一问卷由四川师范大学社会情感能力培养研究项目组翻译，信效度良好。

经测算，社会情感能力问卷的分维度Cronbach系数α为：自我认知0.821、自我管理0.856、社会认知0.846、人际交往技能0.896、负责任的决策0.773；总体社会情感能力Cronbach系数α为0.958，见表1-4。

通过对各维度进行KMO检验和Bartlett球形检验，以了解数据是否适合做因子分析。结果发现，各维度KMO值都大于0.8，Bartlett球形检验结果p均小于0.001，球形假设被拒绝，原始变量之间存在相关性，适合进行因子分析。

表 1-4　社会情感能力量表

维　度	项目数	题　目	α	KMO 值	p
自我认知	9	当我请求得到某物时，我会说"请"	0.821	0.878	0
		当别人表达观点时，我会认真倾听			
		在团队中我会做好自己的部分			
		当我和他人说话时，我很有礼貌			
		在讲述有关自己的好事时，我并不吹嘘			
		我表现得很好			
		当我需要帮助时，我会主动寻求帮助			
		当我没有被善待时，我会告诉他人			
		当我有困难时，我会告诉别人			
自我管理	9	我不理睬班上捣乱的同学	0.856	0.907	0
		当我不同意别人的意见时，我会保持冷静			
		当有分歧时，我会尝试找一个好办法妥善解决			
		我做事时，不打扰别人			
		当我被嘲笑时，我会保持冷静			
		当别人指出我的错误时，我会保持冷静			
		在解决问题时，我会保持冷静			
		当别人打扰我时，我会保持冷静			
		当老师对全班讲话时，我会集中注意力			
社会认知	7	当别人没有被善待时，我会为他们发声	0.846	0.874	0
		当别人伤心时，我也会感到难过			
		我会告诉别人我的感受			
		当我的朋友遇到问题时，我会帮助他们			
		我试图让别人感觉更好			
		我试图考虑别人的感受			
		当别人感到难过时，我会表现出自己的关心			

续上表

维　度	项目数	题　目	α	KMO 值	p
人际交往技能	15	我会主动寻找我需要的信息	0.896	0.935	0
		当别人向我道歉时，我会试着原谅他们			
		我会按照老师的要求去做			
		当我与他人交谈时，我会注视着他们			
		我很容易交到朋友			
		我会按照顺序依次和他人交流			
		我会请求他人与我一起合作			
		我能独立结识新的朋友			
		当遇见别人的时候，我会向他们微笑或挥手			
		我会和他人一起玩游戏			
		我和同学们合作得很好			
		当别人做我喜欢的事情的时候，我会主动请求加入他们			
		当别人帮助我时，我会说“谢谢”			
		我试着交新朋友			
		我能和其他小朋友和睦相处			
负责任决策	6	当我使用不属于我的东西时，我会很小心	0.773	0.841	0
		我信守承诺			
		我遵守校规			
		我按时做作业			
		对于正确的事，别人不说我也会去做			
		当我犯错时，我会主动承认			
总体	46		0.958	0.964	0

3. 正式施测数据的分析方法

对于量化资料的整理，主要包括对原始资料进行审核与复查，对问卷资料进行编码、数据录入与清理等具体环节。而量化资料的分析，则主要使用SPSS 和 Mplus 软件，使用偏差矫正的百分位自助抽样法(Bootstrap 法)对隔代教养方式、父母教养方式与父母报告的学生社会情感能力进行回归分析，直接对中介效应进行检验和对效果量进行测量，构建结构方程模型检验隔代教养方式、父母教养方式与社会情感能力模型。同时，采用 Bootstrap 法进行中介效应分析。方杰等(2012)认为，Bootstrap 法能适用于中、小样本和各种中介效应模型，并能够提供最准确的置信区间估计，统计功效最高①。

在第一阶段和第二阶段，采用的数据分析方法有信度分析、探索性因子分析和验证性因子分析。在第三阶段混合研究，将首先使用描述性统计分析各变量的基本情况，进行差异性分析对隔代教养方式和父母教养方式比较是否存在显著差异。然后，进行相关性分析、回归分析，构建结构方程模型等，并进行中介效应的检验。数据分析的过程包括准备待分析的数据，实施不同的分析，逐步深入地理解数据、描绘数据，并对数据所隐含的大量意义进行解释等。

笔者采用 SPSS18.0 进行数据分析，对量表进行信度分析、效度分析以及各变量的描述性统计；同时，采用分层回归分析和中介效应路径分析，构建结构方程模型，以检验隔代教养方式对儿童社会情感能力的影响。

（二）质性研究方式

研究隔代教养方式对儿童社会情感发展影响本身就是研究家庭成员之间的互动和影响的过程，既需要了解祖辈行为与孙辈的内心体验，又要从家庭的互动中探讨情感是如何产生和发展的。质性研究可以从祖辈、父辈、孙辈的视角，了解家庭内成员间的互动和情感产生，在兼顾宏观和中观情景的同时，从微观上对现象进行描述、感悟、体验、解释和分析。

---

①方杰，张敏强，邱皓政. 中介效应的检验方法和效果量测量：回顾与展望[J]. 心理发展与教育，2012，28(1)：105-111.

在量化研究概率抽样的基础上，质性研究采用目的性抽样，即按照研究的目的抽取能够为研究问题提供最大信息量的研究对象(Patton，1990)[①]。

学生情感发展是一种活的意识，是学生内在的感受。质性研究的资料收集方法主要采用半结构访谈法，辅以班主任和父母的非正式观察和笔者的非正式交流。在研究期间，笔者用四个月时间对 29 个家庭进行了访谈，其中对 13 人进行了两次访谈，对四个家庭的祖辈、父辈、孙辈进行入户访谈，深入了解其家庭环境、家庭结构、家庭关系，以及祖辈和父辈的教养方式，非正式交流十分频繁，并辅以参与式的观察。从访谈和三代人日常互动及交往的故事中，笔者深刻地感受到来自三代人的经历、情感和意图，也更能理解祖辈的付出和无奈，理解父辈在找回自己责任中而做出的努力。

通过深入分析访谈数据，笔者对涉及三代人之间的情感、控制等互动关系进行了研究探讨，并利用投射技术获得儿童以后情感发展特点的资料，然后对隔代教养、父母教养方式与儿童日后的社会情感发展特点进行了因果分析。同时，利用获得的关于隔代教养方式和祖辈与儿童行为互动过程中产生的情感影响进行推测，构建出情感互动模型。此外，还对隔代教养方式对儿童社会情感发展影响的机制进行了解释。这种解释是基于符号互动论和关系性存在理论，对三代人的情感互动进行的。

---

①PATTON M Q. Qualitative evaluation and research methods[M]. Thousand Oaks: SAGE publications, Inc. , 1990.

第二章

隔代教养方式与儿童社会情感发展研究图谱

隔代教养与社会情感发展作为儿童社会化的两大核心领域，共同揭示了代际互动对个体成长的深远影响。研究表明，高阶社会情感能力（目标导向性、抗逆力）是成就差异的关键预测因子，而隔代教养的双向作用（情感支持与代际冲突）则凸显其复杂性与文化特异性。国内外研究呈现显著分野：国内聚焦留守儿童与理论建构，却忽视常态家庭代际互动机制；国外长期以高危家庭为研究重心，形成“危机干预”范式，但缺乏跨文化比较视角。两大领域共同暴露出代际协同教养机制、情感社会化动态路径及文化适应策略的研究空白，这为本书提供了突破方向——通过构建跨代际互动模型，系统剖析祖辈参与教养对儿童社会情感能力的影响路径，同时揭示中国语境下代际教养模式的文化适应机制，为完善家庭教育政策与跨代干预实践提供理论支撑与实证依据。

第一节　隔代教养方式

为缓解子女的养育和生活压力，祖辈主动或被动地参与孙辈教养，于是隔代教养现象逐年增多，影响凸显，成为学界研究热点。在最初十年，国内研究基本上围绕隔代教育的消极影响进行。近十年，对隔代教育的关注点集中在留守儿童的隔代教育问题上，研究多集中在祖辈对孙辈影响的理论分析上。研究内容呈现丰富多元的特点，包括隔代关系、心理影响、个性养成、道德影响等内容，对儿童社会性影响的研究也在逐年增加。在国外的文献研究中，隔代教养方式是问题家庭的代名词，更多集中在高危群体中。关于隔代教养的研究最早始于 1951 年，Chadha 和 Sharma 从代际角度分析了隔代之间的问题与面临的挑战。

一、教养方式

教养方式在不同研究中有着不同的理解和归纳。下面将从定义、类型和测量三个方面对教养方式进行阐释。

1. 教养方式的定义

关于教养方式的定义，不同的研究者有不同的概念。

国内学者对教养方式提出了自己的观点。早在 1991 年，张文新(1999)①

①张文新. 儿童社会性发展[M]. 北京：北京师范大学出版社，1999.

将教养方式定义为“教养方式是父母的教养观念、教养行为及其对儿童的情感表现的一种组合方式，相对稳定且不随情境的改变而变化，反映了亲子交往的实质”。刘美丹和刘晓艳(2007)①认为，教养方式是父母在教育和养育儿童的过程中使用的方法和形式，是一种相对稳定的行为风格。罗蕾等(2018)使用并发展了 Darling 和 Steinberg 的概念，认为教养方式是“父母以亲子关系为中心，在日常生活中对子女进行养育时传达给子女的态度及由父母行为表达出的情感的集合体”。

国外学者中，Darling 和 Steinberg(1993)提出，教养方式是教养观念、教养方式及对儿童的情感表现的集合，在孩子的成长过程中表现相对稳定。Okpoko(2004)和 Utti(2006)认为，教养是为人父母和养育儿童的相关行为。Wikipedia(2012)则把教养方式看作父母促进和支持儿童从婴儿期到成年的身体、情感和智力发展的过程。Igbo 和 Ihejiene(2014)在研究中把教养看作一种塑造、引导和支持儿童从婴儿期到成年期发展的父母技能。父母会为儿童提供成年后实现目标所需的技能和经验，给孩子实践的时间和机会。

总而言之，教养方式的核心在于主要抚养者与孩子的交往过程中的表现。抚养者在养育孩子过程中表现出来的教养观念、行为模式和情感态度，常通过教养行为表现出来。抚养者的教养方式往往会对孩子的思想观念和行为表现产生影响，并对其价值观、社会化的发展产生潜移默化的作用。

此外，在众多的养育变量中，教养方式非常受研究者重视。很多研究通过检验教养方式在儿童行为中所起的作用，提出了教养方式的三个维度，温暖/情感、行为控制和心理控制，与儿童适应相关。情感(如响应性、参与性、

①刘美丹，刘晓艳．家庭教养方式对儿童心理发展的作用及影响[J]．边疆经济与文化，2007(6)：2-3．

支持性)是指父母与儿童的联系和他们的互动温暖(Galambos 等,2003;Wood 等,2003);行为控制(如严格要求、监控、限制)包括通过严格和一致的纪律来规范孩子的行为(Barber,1996;Galambos 等,2003);心理控制(如撤回关爱、诱导负罪感)是指父母通过心理手段控制儿童的情绪和行为(Barber,1996)。虽然关于教养方式的三个维度对儿童的影响说法不一,但许多研究者认为,对儿童的影响和适应是通过教养方式变量的某种组合,而不是某个独立的维度影响(鲍姆林德,1989,1991;Steinberg,1993,2001)。

2. 教养方式的类型

成人依赖于命令、榜样、奖励、惩罚和性格赋予,教会儿童如何行为得体。但是,他们所使用的技巧和方式是不同的,这些变量是过去三十年研究的主要对象。西蒙兹、霍夫曼、鲍姆林德等的经典研究,都通过亲子关系和成人与儿童之间互动得出了相似的结论。

20 世纪 40 年代,西蒙兹(1939)将父母的教养行为分为接受—拒绝和支配—服从维度,认为接受儿童、给儿童提供自主的权利,儿童的情绪就会更加稳定,更易培养亲社会行为;如果父母拒绝或支配儿童,儿童更易自卑、被动,缺乏自信心。

霍夫曼(1964)认为,父母温暖会促进儿童将道德规则内化[①]。温暖的教养方式会让儿童更易出现同情和帮助行为,对儿童社会化有积极的正向作用。如果父母采用强制或拒绝的方式,那儿童更易出现刻板、固执等问题。鲍德温(1955)把教养方式分为温暖—敌意、依恋—干涉两个维度。他主要通过观察法的方式,对儿童和父母的家庭互动进行记录。结果发现,如果父母倾向于采取宽容与民主的教养方式,那么儿童更易形成比较公正的

---

①HOFFMAN L W,HOFFMAN M L. Review of child development research[M]. New York: Russell sage foundation,1964.

价值观，表现出更多的亲社会行为或较强的领导力；而干涉较多、限制更强的家庭中，儿童则更易叛逆，出现更多的违纪行为。

1971 年，鲍姆林德将教养方式划分为两个维度：控制和温暖。控制指的是父母对儿童行为的管理程度，由非常严格到很少设置规则和要求；温暖指的是父母对儿童行为是接受、负责的，相反的是不负责和拒绝的。当父母行为的两个方面以不同的方式组合在一起，就形成了四种主要的教养方式。

(1)专制型

专制型父母会制定和使用一套具有最高权威、绝对的标准，来控制和评价孩子的态度及行为。父母会视规则为准绳、顺从为美德。当孩子的行为与父母标准和规则发生冲突时，父母会采取惩罚等强有力的措施来压制和控制孩子意志。父母认为应该反复灌输尊重权威、尊重秩序和尊重传统社会规则的工具性价值观，更注重孩子接受自己的观点，而不愿意用言语上的鼓励帮助孩子达到目标。

专制型父母具有较少的温暖和较高的控制，经常采用限制、惩罚和反对来要求孩子遵守自己制定的规则。他们不会鼓励孩子与同伴和家庭讨论规则及标准，觉得孩子就要毫无怀疑地接受父母的意见。当孩子长大后，更容易变得叛逆或依赖。叛逆的孩子可能会表现出攻击行为，而更顺从的孩子长大后可能会持续地依赖自己的父母。

(2)权威型

权威型父母和专制型父母是相对的，权威型父母会以理性的、问题导向的方式指导孩子的活动，经常会有言语上的赞赏，并与孩子分享他们这样做的理由。既重视表达性，也重视工具性，尊重孩子的自我意志。因此，当父母和孩子遇到分歧时，他们施加控制，但不会限制和束缚孩子。他们认识到自己作为成年人的特殊权利，也认识到孩子的个人兴趣和特殊方式。权威型的父母肯定孩子目前的品质，但也承认他们运用理智和力量来实现自己的目标。他们的决定不以群体共识或个别孩子的愿望为基础，不认为自己是绝对正确的。

权威型父母温暖而坚定，既鼓励独立，必要时又能限制和控制孩子的行为。权威型父母不会制定“我说过……”的规则，而是倾听和思考孩子的观点，经常与孩子进行讨论和辩论。在这样的教养环境下，孩子会更具有社会性，更有责任感和自主性。

(3)纵容型

纵容型父母对孩子的冲动、欲望和行为，采取不惩罚、接受和肯定的态度。父母会向孩子咨询某个制度的制定，并为这项制度做出解释。父母很少要求孩子承担家庭责任和有秩序的行为，会把自己的一切呈现给孩子，让孩子按照自己的意愿做事，而不是作为负责塑造或改变孩子行为的父母出现。父母会试图解释原因而不是使用权力迫使孩子做出父母要求的行为。

纵容型父母对孩子采取温暖无限制的态度，对孩子的行为是纵容的、被动的，认为要满足孩子的一切愿望，才能表达自己的爱。他们不愿意让孩子失望，所以不喜欢拒绝孩子的要求，这就会导致孩子在做出重要决定时缺乏父母的帮助和指导。父母在孩子做决定时不会把自己作为积极的参与者，只是把自己作为孩子寻求建议时的一种资源。纵容型父母的孩子很少会有界限感和规则感，自我控制能力比较差，在与同伴交往的过程中更自我、更利己主义。

(4)不参与型

不参与型父母既不温暖，对孩子也没有要求。他们与孩子的互动时间很少，也经常会忽略孩子的感受。不参与型父母对孩子的需求、在校生活和同伴关系都漠不关心。当孩子需要做决定时，他们也很少参与，不想被孩子打扰。不参与型父母被生活的压力淹没，通常以自我为中心。他们可能会用“累”“受挫”的借口来推脱自己的责任，或者只是简单地放弃要求来维持自己作为父母的权威。当孩子了解到父母对自己的生活更感兴趣，也不愿意在教养上投入太多时间时，孩子也会在行为上与纵容型父母的孩子表现相似，可能因为自我调节能力出现问题而产生冲动行为。

在鲍姆林德类型学的基础上，约翰·马丁等测试了鲍姆林德类型学在更多群体上的通用性①。他们将教养方式概念化为可评估的两个维度，要求性和响应性。这些因素结合在一起产生了四种类似鲍姆林德的类型：权威、专制、放纵和冷漠。第一个维度，要求性指的是父母的控制以及父母期望孩子表现出成熟和责任感的程度。例如，按父母要求表现为自律、努力等。第二个维度，响应性指的是如何以孩子为中心和温暖的父母。响应性促进了孩子的个性，表现在接受、支持和顺从孩子的个人需要和要求的行为中。马丁等从这些维度分析，发现权威型父母在要求和回应上得分很高，专制型父母要求高但回应低，放纵型父母回应高但要求低，冷漠的父母在回应和要求方面得分较低。鲍姆林德的成人控制类型——专制型、权威性、纵容型和不参与型，仍然是目前研究的参考。

3. 教养方式的测量

（1）父母养育行为量表

Schaefer（1959）通过因素分析，将父母行为分为接纳—拒绝、心理自主—心理控制、严厉—放纵三个维度，彼此是相互独立的。Schwarz、Barton-Henry 和 Pruzinsky（1985）对其问卷也进行了评估。对来自 170 个家庭的 680 人进行测量，结果发现，父母养育行为量表的 18 个个体量表的内在一致性是足够的，平均值为 0.71，在不同的评价主体类型之间的一致性只有轻微的变化。然而，对于大多数研究目的来说，这四种评级者类型在

①MARTIN J A，MACCOBY E E，JACKLIN C N. Mothers' responsiveness to interactive bidding and nonbidding in boys and girls[J]. Child development，1981，52：1064-1067.

个人量表上的两两一致度太低(一致性信度仅为0.30)。

(2)父母养育方式评价量表(EMBU)

Perris等(1980)根据Schaefer提出的父母教养方式维度,拟定了15种父母教养行为,共81个条目。主因素分析后获得四个主因素:拒绝、情感温暖、过度保护和偏爱。岳冬梅等(1993)[①]进行了中文版的修订,并进行检验发现其具有较高的信效度。

EMBU既是个体测验又是集体测验,范围应用广泛。但该测验是由被试通过回忆来评价父母的教养方式,因此,被试年龄过小或者过大时,对父母的评价都可能出现不准确或者缺乏客观性。

(3)PBI

PBI应用广泛,主要测量儿童的父母教养方式。该量表信效度良好。PBI也是自我报告量表,用来测量被试对16岁之前教养方式的主观感受。Wilhelm等(2005)对非临床样本追踪四年,结果发现,PBI具有跨时间的稳定性,心情状态和生活经历对PBI的影响很小,表明PBI的效度稳定性较强。

二、隔代教养

为了帮助子女协调好生活与工作的关系,祖辈往往会主动或被动地参与孙辈的教养,这就出现了隔代教养模式。下面对隔代教养的概念、类型及隔代教养的利与弊进行详细梳理,以对隔代教养有一个更全面更清晰的认识。

---

①岳冬梅.父母教养方式:EMBU的初步修订及其在神经症患者的应用[J].中国心理卫生杂志,1993,7(3):97-143.

1. 隔代教养的概念

隔代教养是祖辈参与孙辈的抚养和教育。祖辈家庭养育被看作隔代教育，这里主要指祖孙之间的交往行为和交互影响。隔代教养是指由祖辈父母参与照料幼儿的教育活动。在中国，年轻父母迫于现实压力忙于工作，缺乏对儿童完全的抚育能力和精力，转而由祖辈高度承担抚育职责。祖辈在养育中会与孙辈双向交往，扮演教育者的角色，也需承担教育之责。

2. 隔代教养的类型

根据祖辈参与家庭教养的不同程度，Robertson（1977）确定了四种祖辈类型：分配型、象征型、个人型、疏远型。分配型祖辈，认为溺爱是祖辈与孙辈的权利之一，所以他们关心孙辈的道德发展和核心价值观的传递，但也纵容孙辈；象征型祖辈，关心孙辈的道德发展，但更关心孙辈“正确的”行为，他们往往是备受孙辈尊重和效仿的榜样；个体型祖辈的特点是强调祖辈和孙辈之间的关系，以及他们对陪伴的需要；疏远型描述了一种仪式性和远程性的祖辈风格，通常互动不频繁。前三种类型的祖辈并不是旁观者，而是深入参与教养孙辈的过程。

卢富荣等（2020）根据已有研究，将隔代教育的三种不同类型进行区分。其一，根据祖辈是否共同参与，区分为完全隔代教育和不完全隔代教育。完全隔代教育是指祖辈完全承担父辈的照顾责任。不完全隔代是指父辈短暂离开，祖辈暂时承担养育任务或与父辈合作抚养。其二，根据祖辈参与时间的多少，可以划分为三种类型：以隔代教育为主导、以隔代教育为辅助和无隔代教育。其三，根据祖辈和父辈承担的教养责任，区分为祖辈全部承担养育和部分承担养育责任。但这两种分类方式尚未通过量化研究进行验证，且划分方式也各不相同。

3. 隔代教养的利与弊

隔代教育是利是弊的问题，引起了研究者、大众传媒和众多百姓的广泛关注。绝大多数研究者认为，隔代教育对于孩子来说是弊大于利（毛可、张翔，2018；朱子健，2018）。李娟（2019）通过研究发现，大部分参与教养的祖辈都认为参与孙辈养育的益处大于弊端；45％的父母也认为隔代教育利大于弊，仅有15.6％的父母明确表示隔代教育弊大于利。

虽然祖辈有育人经验和充足的时间，可以给孙辈提供较多的安全感和陪伴，但是不可否认的是祖辈陈旧的思想会阻碍他们了解孩子的生理变化，不能给出合适的应对方法，难以给孩子提供科学的教育。在社会化方面，由于祖辈精力不如父母和孩子，因此他们对孩子的教育以静为主，有些祖辈因年龄增长存在一些心理和生理疾病等，都会阻碍孩子的社会化发展。有诸多研究者指出，隔代教育对孩子在心理发展、性格、情绪、行为方面有负面影响。在认知发展方面，虽然研究较少，但有研究发现，隔代教养下的儿童与其他教养方式下的儿童在语言、执行能力上的发展不存在显著差异；完全隔代教养下的儿童在心理理论发展水平上低于联合教育下的儿童，但在发展速度上并没有显著的差异。

可见，学者对于隔代教育利弊说法不一，更多学者倾向于研究隔代教育弊大于利，以及祖辈对孙辈的消极影响，并重在阐述隔代教育的这些因素对儿童产生的消极影响。也有研究认为隔代教育本身具有一定优势，可以弥补父辈教育不足，增加陪伴时间，也易于孙辈建立融洽的感情，为教育儿童创造良好的成长环境。虽然很多学者对隔代教育的利弊评价不一，但需要注意的是，这些研究对隔代教育的定义不尽相同。

隔代教养没有好坏对错之分，只有方式是否正确。我们应该关注祖辈的角色和教养方式对儿童发展的正向影响。

三、隔代教养方式

通过梳理隔代教养方式内涵、类型和测量的相关文献发现，隔代教养方式的划分与界定仍不够清晰明确，尚缺乏系统化、本土化的深入研究。

1. 隔代教养方式的内涵

在已有文献中，对教养方式的定义都强调其稳定性和“不随环境改变的复合行为和倾向”。比如，张静、田录梅、张文新①将教养方式定义为“教养方式是父母的教养观念、教养行为及其对儿童的情感表现的一种组合方式，相对稳定且不随情境的改变而变化，反映了亲子交往的实质”。

据此，隔代教养方式可界定为祖辈在对孙辈进行抚养、教育、指导的稳定的教育观念、教养行为及其情感表现的一种组合方式，具有一定的稳定性和行为倾向。

2. 隔代教养方式的类型

国内学者对隔代教养方式相关研究不多，方小平、陈水平、缪凌云和黄一帆(2020)对不完全隔代教养的教育效果进行分析，结果发现，亲子教育和隔代教育两种方式会导致祖辈和父辈出现边界意识不清的问题，最终出现家庭矛盾，甚至会影响到孙辈的身心健康。对隔代教养方式的概念界定很少，对祖辈教养方式的分类很多，如民主型、溺爱型、严厉型、忽视型等教养方式(王极盛，2014)。卢乐珍的分类方式与之相似，也分为四种祖辈教养类型。裴丽颖②则把祖辈分成指导型、专制型、忽视型、溺爱型四种类型。孔屏沿用了裴丽颖的分类方式，并在一定程度上解释我国隔代教养出现问

①张静，田录梅，张文新. 社会能力：概念分析与模型建构[J]. 心理科学进展，2012，20(12)：1991-2000.

②裴丽颖. 祖父母教养特点及其对幼儿发展的影响[D]. 济南：山东师范大学，2005.

题较多的原因。虽然我国隔代教养的情况存在明显的城乡差异和儿童阶段差异，但综合来看，祖辈与孙辈的相处模式可以分为四种：祖辈基本不参与模式、以祖辈为主导的联合教养模式、以祖辈为辅的联合教养模式和完全祖辈教养模式①。后三种教养模式属于隔代教养，但也可以划分为祖辈与子女一起住、不一起住两种模式。

国外学者对隔代教养模式的研究相对较早。Bernice 等（1964）对来自 70 个祖辈—父辈—孙辈三代中产家庭中的祖辈进行了访谈，共采用了三个维度：祖辈对自己承担角色的舒适度、祖辈感受到的角色意义和教养风格。采用开放式问题进行访谈，如多久见一次孙辈、在什么场合、祖辈身份的意义及对自己生活的影响。根据访谈结果，Bernice 等将隔代教养方式归为五类：传统型、享受型、替代型、智慧型和远离型。

Cherlin 等（1985）将祖辈教养方式类型分为三类：参与型、伙伴型和疏远型。参与型祖辈会在家庭需要时照顾自己的孙辈，在重要决策时拥有发言权；伙伴型祖辈与孙辈的关系像伙伴或者朋友，往往不参与孙辈的管教事务；疏远型祖辈与孙辈不常见面，关系较为疏离。Mueller 等（2002）采用个体中心的聚类方法，对美国老年人与子孙之间的关系进行观察，得出五种祖辈的教养风格：影响型、支持型、被动型、权威型和分离型。

Robertson（1977）②对 751 个家庭进行了开放式和高结构化访谈，总结了四种隔代教养方式：分配型、象征型、个人型、疏远型。Gray 等（2016）提出，祖辈经常认为自己的角色是用糖和钱来宠爱孙辈。父辈有时会对祖辈的含蓄批评感到不满，或者因为想要从祖辈的影响中获得更多的独立性而

①卢富荣，宋煜静，刘路培，等. 隔代教育对孙辈和祖辈的影响：双刃剑效应[J]. 心理科学进展，2020，28(10)：1733-1741.

②ROBERTSON J F. Grandmotherhood: A study of role conceptions[J]. Journal of marriage and family，1977，39(1)：165-174.

感到内疚。另外，一些祖辈感到有点被排斥在孙辈的生活之外，他们确实对孙辈的父母持批评态度。随着谋生和建立独立家庭机会的增加，年轻人不再像以前那样依赖父母。成年子女和他们的父母都越来越能够按照独立生活的意愿行事。从祖辈的角度来看，成年子女和他们的配偶现在可以充当他们孙辈的把关人，在这种情况下，与祖辈在抚养孙辈中角色定位的矛盾心理便增加了。

Li 等(2019)则将祖辈的教养方式进行分类，分为关心、冷漠、过度保护和自由度四个维度。他们限制了父母教养方式和社会人口学因素的影响，认为祖辈的过度保护和关心可能会导致儿童的情绪和行为问题。而祖辈给孙辈的自由度越高，孙辈的思维和注意力问题也会增加。Szinovacz 认为，祖辈教养方式就其概念层面来说，要对个体水平、二元水平、家庭水平和社会水平这四类水平进行区分。

3. 隔代教养方式的测量

隔代教育是指由祖辈对孙辈的抚养和教育，可以为孙辈提供关心和支持。隔代教育对儿童的社交技能、内化和外化问题等社会适应方面具有重要作用。但目前国内外对隔代教育的测量方式并不一致，因此，如何对隔代教育进行准确测量是非常重要的。

国内对隔代教养方式的测量有独特的方法。杜红(2015)[①]采用家庭教育故事法对祖辈和父辈的主要抚养者进行研究，结合叙事研究法和深入访谈法的优势，通过对两个有代表性的家庭进行访谈，找到两代人不同教育方式形成的原因。肖索未(2014)则收集了 13 个北京城市家庭案例，对母亲、父亲均进行访谈，以了解父母在儿童养育中的经验和看法，并对参与孙辈养育的老人进行访谈和家庭拜访，参与了一部分家庭的周末郊游，观察家庭成

①杜红. 学前儿童家庭教育中祖辈与父辈的价值冲突研究[D]. 成都：四川师范大学，2015.

员之间的互动。

Feinberg(2003)认为，对儿童养育的一致性不是指父母之间的动态和谐，而是指父母对如何抚养孩子的看法是否一致。如果父母在如何养育孩子的问题上意见不一致，发生冲突的机会就会更大。更具支持性的养育方式很可能需要实质性的、持续不断的谈判和妥协①。因此，Feinberg(2012)通过对169个来自宾夕法尼亚州的农村和小城市的家庭进行测量，制定了一个综合性的自我评价量表——祖辈—父辈关系量表(CRS)，共有七个维度：祖辈和父辈的养育一致性、养育亲密度、矛盾暴露、养育支持、养育破坏、养育认可和劳动分工，最终得出分量表的得分和一个共同养育质量的总体分数。

Viguer等(2010)②采用Rico等(2000)的祖辈—儿童关系量表进行隔代教养方式的测量。儿童需要从祖辈中选择自己最喜爱的一位，并与其进行活动。祖辈会与儿童进行19项不同的活动，观察祖辈与儿童之间的互动程度。活动分为两类：帮助/照顾类活动，文化类活动。采用观察法可以更直观地了解祖辈与儿童之间的互动，但观察者偏差可能较大，也不适合大规模样本。

Doley等(2015)③采用Cheng和Wu(2013)的自编问卷对祖辈参与孙辈养育情况进行调查。问卷共38道题，母亲报告。问卷包括六个维度，信效度良好。祖辈报告的祖辈参与程度可能存在偏差，与祖辈的实际养育方

①FEINBERG M E. The internal structure and ecological context of coparenting: A framework for research and intervention[J]. Parenting: Science and practice, 2003, 3(2): 95-131.

②VIGUER P, MELÉNDEZ J C, VALENCIA S, et al. Grandparent-grandchild relationships from the children's perspective: Shared activities and socialization styles[J]. The Spanish journal of psychology, 2010, 13(2): 708-717.

③DOLEY R, BELL R, WATT B, et al. Grandparents raising grandchildren: Investigating factors associated with distress among custodial grandparent[J]. Journal of family studies, 2015, 21(2): 101-119.

式及儿童感知到的隔代教养方式并不完全一致。

李晓巍和魏晓宇(2018)①对 Feinberg 等编制的共同养育关系量表进行了初步修订，适用于祖辈—父辈共同养育孩子的家庭。该问卷与原量表维度一致，共有七个维度。Li 等(2020)与王瑞晴(2019)也采用李晓巍的祖辈—父辈教养冲突量表对祖辈和父辈的教养冲突进行了测量，信效度良好。

结合国内外的相关研究和实践经验，问卷调查和家庭访谈是进行隔代教养方式研究较为适合的研究方法，可以获得更准确、更细致的隔代教养方式类型。

目前，受完全隔代教育的儿童很少，大多数儿童接受的都是不完全隔代教育。不完全隔代教育家庭中，也存在着亲子教育和隔代教育两种方式。这两种教育若能形成合力，不仅有利于儿童的健康成长，也有利于祖辈的身心健康和家庭和睦。但若两者互相冲突，则会削弱家庭教育的效果(方小平，陈永平，缪凌云，黄一帆，2020)。

通过以上文献的梳理可以看出，早在 20 世纪 90 年代，隔代教养在国外就备受关注，成为家庭教育的研究热点。很多国家的隔代教养大多是因为父母个人原因或社会问题不能自己抚养，而使祖辈成为监护人进行教养，祖辈参与隔代教养总体上是有限的。可见，隔代教养不是中国特有的社会现象，但也与其他国家的隔代教养存在不同。

①李晓巍，魏晓宇. 祖辈—父辈共同养育关系量表的初步修订[J]. 中国临床心理学杂志，2018，26(5)：882-886.

第二节　社会情感发展

社会情感发展包括儿童及青少年社会和情绪发展的各个方面，是人类成长和发展的核心要素。对儿童及青少年的学业、社会性和情绪学习具有重要且深远的影响。20 世纪初，美国心理学家特尔曼对 1000 名儿童进行了 50 年的追踪研究，结果发现，高成就者的意志品质显著高于低成就者，高成就者有清晰的目标和追求，遇到困难也会始终坚持下去；低成就者没有明确的目标规划，遇到问题更倾向于消极应对。由此可见，社会情感能力对个体一生的成长与发展都有持久深远的影响，无论从家庭还是学校都越来越重视儿童社会情感能力。关于国内的儿童社会化研究，研究高峰主要集中在 2007 年前后。近几年，研究反而下降，近五年仅有 108 篇学术文章，并且大多是关于媒体对儿童社会性的影响。关于社会化发展，特别是情感的社会化在家庭内部的研究主要是从心理学视角进行依恋研究，或者是以“社会情感学习”为主题研究，多关注儿童身边的重要他人：教师、父母、兄弟姐妹等。国外对儿童社会情感的研究更多集中于父母对儿童的影响。

一、社会情感发展（能力/学习）内涵

CASEL 最早开始对社会情感学习进行研究。CASEL 对学生的社会和情感发展进行了深入的探索，并在美国伊利诺伊州获得了实践与成功，由此，社会情感能力逐渐推广至全美国甚至其他国家[①][②]。

---

①石义堂，李守红.“社会情感学习”的内涵、发展及其对基础教育变革的意义[J]. 当代教育与文化，2013，5(6)：5-10.

②朱锐锐. 美国 CASEL 组织：为社会情感学习落实提供可行之策[J]. 上海教育，2021(26)：48-50.

在我国，关于社会情感概念的界定研究主要可分为两类①。一类是围绕社会情感能力、社会情感学习能力等关联概念展开论述。综合多位学者的观点②，社会情感能力是能够认识和控制自己情绪，以及理解和融入他人及群体的社会交往能力。另一类是对社会情感进行直接定义，其中，石义堂等的观点③受到众多学者的认同。他们认为，社会情感是社会成员在参与社会活动、构建社会关系过程中产生的个性化的心理体验与心理感受，是一种特殊的社会心理现象及过程。这一观点充分阐释了社会情感的重要性，即适应社会环境、承担社会责任、完成社会工作所必需的情感形态与情感技能，并在人的社会化过程中逐步习得，伴随个体成长全程。这也说明，教育是社会情感习得的主要途径，环境适应与社交互动为社会情感学习的重要方式。在此基础上，部分学者对高级社会情感④予以界定，将其视为个体在求知、道德、审美等高级社会性需求中的情感表现，不仅包括自我管理与人际交往方面的情感能力，还涵盖更为宏观的爱国情怀、道德感等层面。

为了提高儿童社会情感能力，国外部分国家和地区成立了推进社会情感和情绪发展项目，对社会情感能力进行了界定。例如，CASEL 协同推进社会情感学习项目（SEL）、英国国家战略局推出了社会和情感方面的学习项目（SEAL）、OECD、澳大利亚社会情感健康项目（SEWB）等，这些项目和组织对社会情感能力进行了不同的定义及划分领域的阐述。CASEL 协同推进社会和情绪学习项目，更强调社会情感能力对学生的协调能力和问题处理能力的重要性，以及对学生成长的积极影响。Stephanie Jones 的定义

①张雪，曹云鹤. 关于社会情感的研究综述[J]. 法制与社会，2017，14：2.

②李明蔚，毛亚庆，顾欣. 教师社会情感能力对学生社会情感能力的影响：多重中介效应分析[J]. 教师教育研究，2021，33(6)，8.

③石义堂，李守红. “社会情感学习”的内涵、发展及其对基础教育变革的意义[J]. 当代教育与文化，2013，5(6)：5-10.

④陈宁，黄洪基. 上海市青少年高级社会情感的调查与分析[J]. 上海教育科研，2010(10)：39-41.

侧重于个人在学校、工作和人际关系等方面取得成功所需的技能。OECD指出，社会情感能力与学业表现、就业能力、积极社会角色和幸福感等方面密切相关，并包括个人行为、感受和处理任务的方式等。澳大利亚SEWB项目把社会情感能力看作一个多维度的健康概念，涵盖了心理健康以及国家、文化、世界观等其他领域。这些定义和领域的划分，有助于我们更全面地理解社会情感能力的内涵和重要性，以及其在个人发展和社会互动中的作用。不同的定义和观点可能会有所侧重，但它们都强调了社会情感能力对个体的综合发展和与他人建立良好关系的重要性。

虽然国外对“社会情感学习”的定义及维度划分各有特点，实施过程也有不同的路径，但在社会情感发展的核心内容和具体核心机制方面表现出明显的共性特点。他们都关注儿童正确自我认识的建立和情绪管理能力的发展，关注儿童对他人与社会的正确认识的建立和良好的社会沟通交往能力的发展，关注资源的整合对儿童社会情感能力发展的重要性。

付健中等从心理学和脑科学角度研究社会情感内涵发展，构建儿童认知和情感发展①。儿童情感发展是持续、稳定、深刻的高级心理过程，包括自我感受、内心体验、情景评价、移情共鸣和反映选择等五部分②。情感还可分为积极与消极或正性与负性③。儿童情感发展侧重积极情感。朱旭东等学者认为，情感发展是内心体验的持续稳定④。从脑科学角度看，儿童情感发展与前脑边缘系统发育相关，如伏隔核、杏仁核等⑤。美国神经生物学

---

①付建中，董存梅，姚春. 儿童心理学[M]. 北京：北京师范大学出版社，2016.

②梅仲孙. 为人类幸福而工作：马克思青年初期理想特点及其形成[J]. 现代教学，2018，10：6.

③潘婷婷，丁雪辰，桑标. 正负性情感量表儿童版(PANAS-C)的信效度初探[J]. 中国临床心理学杂志，2015，23(3)：4.

④朱旭东，李秀云. 论儿童全面发展概念的多学科内涵建构[J]. 华东师范大学学报，2022，40(2)：16.

⑤李辰，修建波，许琪. PARP14在3种抑郁症模型小鼠海马区的表达升高及其与神经炎性反应的关系[J]. 基础医学与临床，2021，41(5)：7.

家巴贝兹提出"情绪系统"(即 Papez 环)，他认为皮层是情绪主要结构。基于脑科学研究的情感发展视角，运用脑电、眼动等新兴方法，发现儿童情感发展基于大脑生理基础的相应脑区发育，本质是建立神经回路塑造儿童大脑。

因此，根据国内外研究对社会情感内涵的界定，基于隔代教养方式对儿童社会情感发展影响的研究目标，研究更关注个体的生命成功，更关注个体内部及人际品质和能力，本书将社会情感定义为儿童在社会互动过程中认识自我、体验和调节情绪，与他人建立积极的人际关系。

二、社会情感发展(能力/学习)框架

不同国家和机构对社会情感能力/学习的定义及维度做了不同划分，其中包括 CASEL 的五组核心能力，英国的 SEAL、澳大利亚的 SEWB、OECD 的三类社会和情感技能、世界经济论坛的十种社会和情感技能、美国淘克家族基金会的五种社会和情感技能、英国青年基金会的一组核心能力、研究者 Denham 的分类、教师版的社会和情感技能评估问卷以及其他研究者的界定。也有研究者将社会和情感能力界定为社交能力、依恋、情绪能力、自我知觉能力、气质/人格这五个维度。此外，美国康涅狄格州制定了 0～5 岁儿童社会与情感领域早期学习标准的内容[①]。进行整理后，可以得到社会情感(能力/学习)框架，见表 2-1。

①石义堂，李守红."社会情感学习"的内涵、发展及其对基础教育变革的意义[J]. 当代教育与文化，2013，5(6)：5-10.

表 2-1　社会情感(能力/学习)框架

<table>
<tr><th>国家或组织</th><th>概念与定义</th><th colspan="2">社会情感(能力/学习)维度</th></tr>
<tr><td rowspan="5">CASEL 界定了社会情感学习的五组核心能力，即 SEL 的维度</td><td rowspan="5">社会情感学习</td><td colspan="2">自我意识</td></tr>
<tr><td colspan="2">自我管理</td></tr>
<tr><td colspan="2">社会意识</td></tr>
<tr><td colspan="2">人际关系技能</td></tr>
<tr><td colspan="2">负责任决策</td></tr>
<tr><td rowspan="5">英国教育和技能部(DES)</td><td rowspan="5">社会和情感方面的学习</td><td colspan="2">自我意识</td></tr>
<tr><td colspan="2">管理情绪</td></tr>
<tr><td colspan="2">动机</td></tr>
<tr><td colspan="2">移情</td></tr>
<tr><td colspan="2">社会技能</td></tr>
<tr><td rowspan="7">澳大利亚，关于社会情感学习的内容使用的术语是“社会情感健康”(SEWB)</td><td rowspan="7">社会情感健康</td><td colspan="2">社会情感健康总体</td></tr>
<tr><td colspan="2">回复力</td></tr>
<tr><td colspan="2">积极的社会取向</td></tr>
<tr><td colspan="2">积极的工作取向</td></tr>
<tr><td colspan="2">积极的学校指标</td></tr>
<tr><td colspan="2">积极的家庭指标</td></tr>
<tr><td colspan="2">积极的社区指标</td></tr>
<tr><td rowspan="10">OECD 对“社会和情感技能”进行定义，并发布《OECD 学习框架 2030》</td><td rowspan="10">社会情感技能</td><td rowspan="4">获得目标的能力</td><td>坚持</td></tr>
<tr><td>毅力</td></tr>
<tr><td>自我控制</td></tr>
<tr><td>实现目标的激情</td></tr>
<tr><td rowspan="3">与他人协作的能力</td><td>社交</td></tr>
<tr><td>尊重</td></tr>
<tr><td>关心</td></tr>
<tr><td rowspan="3">情绪管理能力</td><td>自尊</td></tr>
<tr><td>乐观</td></tr>
<tr><td>自信</td></tr>
</table>

续上表

<table>
<tr><th>国家或组织</th><th>概念与定义</th><th colspan="2">社会情感(能力/学习)维度</th></tr>
<tr><td rowspan="10">世界经济论坛</td><td rowspan="10">社会和情感技能</td><td rowspan="4">胜任力</td><td>问题解决</td></tr>
<tr><td>批评性思维、创造力</td></tr>
<tr><td>交流能力</td></tr>
<tr><td>合作能力</td></tr>
<tr><td rowspan="6">个性品质</td><td>好奇心</td></tr>
<tr><td>首创力</td></tr>
<tr><td>意志力/韧性</td></tr>
<tr><td>适应力</td></tr>
<tr><td>领导力</td></tr>
<tr><td>社会和文化意识</td></tr>
<tr><td rowspan="5">美国淘克家族基金会与儿童趋势合作</td><td rowspan="5">社会和情感技能</td><td colspan="2">学生在学校成功的社会和情感技能</td></tr>
<tr><td colspan="2">自我控制</td></tr>
<tr><td colspan="2">坚持不懈</td></tr>
<tr><td colspan="2">掌握导向</td></tr>
<tr><td colspan="2">学业自我效能感和社交技能</td></tr>
<tr><td rowspan="7">英国青年基金会</td><td rowspan="7">社会和情感核心能力</td><td colspan="2">管理情绪</td></tr>
<tr><td colspan="2">沟通</td></tr>
<tr><td colspan="2">信心和力量</td></tr>
<tr><td colspan="2">规划和问题解决</td></tr>
<tr><td colspan="2">人际关系和领导力</td></tr>
<tr><td colspan="2">创造力</td></tr>
<tr><td colspan="2">韧性和信心</td></tr>
<tr><td rowspan="5">研究者 Denham</td><td rowspan="5">社会和情感能力</td><td rowspan="3">情感能力</td><td>自我认知
(理解自我情感)</td></tr>
<tr><td>自我管理
(情感和行为管理)</td></tr>
<tr><td>社会认知
(理解情感、移情和同情)</td></tr>
<tr><td rowspan="2">关系/亲社会技能</td><td>社交问题解决</td></tr>
<tr><td>关系技能(合作、倾听技能、话题转换、寻求帮助)</td></tr>
</table>

续上表

国家或组织	概念与定义	社会情感(能力/学习)维度
美国康涅狄格州0～5岁儿童社会与情感领域早期学习标准	社会与情感发展	与主要照料者形成信任的、健康的依恋和人际关系
		发展自我调节力
		情绪情感的发展、表达、理解和回应
		发展自我意识和自我概念
		发展人际关系

在社会和情感能力内涵和框架的研究中,大多涉及:对情绪的认知与管理、与他人的沟通、交流与协作、有关意志力和适应力等能力的控制和调节、强调复杂多变的社会情境。而自尊、毅力、责任感、自主性、创造性,以及学生问题解决、社交能力、合作能力等指标是促进个体生命成功的重要驱动要素,是未来学生应对21世纪挑战必备的软技能①。

其中,CASEL界定的SEL的五个核心能力框架,成为许多研究者探索社会和情感能力发展及评价的理论依据。1994年,美国成立了CASEL组织,以推广和支持SEL的实践与研究,从而培养和提升学生的社会情感能力。CASEL从个体内部领域、人际领域界定了SEL的五个核心能力,即自我意识、自我管理、社会意识、人际关系技能和负责任决策。其中,负责任决策既是个体也是社会的过程。

SEL能力的发展备受关注,原因主要有两个方面:一是,20世纪90年代,美国青少年存在诸多问题;二是,社会智力、多元智力和情绪智力等理论,为其奠定了重要基础。"情绪智力"概念由Salovey和Mayer于1990年首次提出,Goleman在1995年对其进行了系统阐述。后来,Bar-on将情绪

①王松丽,陈瑞生.国际学生社会和情感能力研究趋势及其启示[J].外国中小学教育,2017(4):6.

智力加入了人格成分。此外，Elias 等制定的《促进社会和情感学习：教育者的指导方针》以及情绪智力对学业等方面的积极影响研究，也对其发展起到了重要作用。CASEL 还界定了 SEL 的四种关键环境场景，强调 SEL 需要积极的师生关系和安全环境，通过学校文化构建、家校合作提供提升学生社交和情感技能的机会。

美国儿童委员会社会情感学习项目 Second Step 项目引进中国后，与华东师范大学合作，共同建立"聚焦社会情感学习的教育评估与改进"项目，对课程进行本土化研发。还有一些组织和项目在积极推广 SEL 项目。

三、社会情感能力的测量

目前，从测量形式上来看，关于社会情感能力的测量分为自我报告、他人报告、行为观察、操作任务、传记记录、实验室实验、情境判断测试与出声思维测试[①]。

对社会情感能力的测试量表相对较多，具有代表性的测评工具有：以 CASEL 能力框架为基础的社会和情感评估工具、评估儿童和青少年（3～12 年级）社会情感能力的社会情感能力问卷（SECQ），另外，OECD 进行的青少年社会与情感能力测评（SSES）成为其发起的一项新的国际测评项目，这在我国引起了不小的反响。SSES 不仅关注促进社会与情感发展的因素，也关注阻碍其发展的障碍。SSES 得出的结论：对儿童和青少年社会与

①KANKARAŠ M, SUAREZ-ALVAREZ J. Assessment framework of the OECD study on social and emotional skills. OECD education working papers[EB/OL]. 2019. https://doi.org/10.1787/5007adef-en.

情感能力的早期干预和投资，将对他们的一生产生深远的影响[①]。社会情感能力既可以测量又可以塑造。社会情感能力水平在儿童和青少年时期的波动最大，成年后波动水平随着年龄增长而减缓。在梳理所有测量工具后，总结了以下常用的测量工具。

1. 社会技能评估量表（SSRS）

社会技能评估量表（Gresham 等，1990）于 1988～1989 年进行修订，可以对 3～18 岁儿童进行社会行为测量。在特殊教育（OSEP）、教育科学机构（IES）和心理健康国际机构（NIMH）等项目中，被用作亲社会行为的测量，也被很多国家翻译为其他语言进行测量，是很多研究人员及心理学家研究儿童和青少年亲社会行为的重要量表。但该量表编制较早，且仅能测量合作、毅力、责任和自我控制四个社会技能。

2. 社会技能干预量表（SSIS-RS）

社会技能干预量表（Gresham 等，2008）增加了沟通、移情和参与行为量表，可以测量合作、毅力、责任、自我控制、沟通、移情和参与七种社会技能。同时，还可以测量学生的内化、外化、欺凌、多动/注意力不集中等问题行为。但该量表主要是帮助学生识别重大的社交技能缺陷，为有社交技能缺陷的学生提供可选择的干预方向。

3. 社会情感学习量表（SSIS-SEL）

社会情感学习量表是一个包含多种分维度的评级量表，由 CASEL 编制，基于社会技能提高系统对社会情感能力进行衡量。这一量表可以由多个评估者使用，进而形成社会情感能力的综合量表。该量表适用于幼儿园至 12 年级的学生，信效度良好。

---

①郭忠辉，王佳，刘淑杰. 经合组织社会情感技能测评框架及其对我国的启示[J]. 教育测量与评价，2021，35(2)：21-26.

四、社会情感发展对策

在促进儿童社会情感发展方面，各国及各类组织因地制宜，采取了不同的方法和策略。澳大利亚的一项研究成果表明，对社会情感学习技能的正确引导，对儿童社会情感发展、幸福感及学业成就产生了显著的积极效应。此外，生物学研究亦发现，迷走神经张力的提升，有助于改善儿童的认知和社交情感发展。

成人通过教授儿童情感自我调节策略，可提升他们在面临延迟奖励和抑制初始反应倾向任务中的表现。这些技能在解决特定问题任务中起到关键作用。在这些情境下，情绪的自我调节是通过有意识的战略来培养的，包括转移注意力、关注延迟或抑制的回报等。这些策略可通过直接指导、建模或其他方式加以培养。

通过传递情感自我调节策略，可以激励儿童学习，帮助他们更好地应对任务初期失败或挫折（如自我指导、重新归因或重新解释失败等），从而促进他们对任务的持续兴趣。

第三节　隔代教养方式与儿童社会情感发展的关系

家庭在儿童社会情感发展的过程中扮演着最初始、最重要的角色。作为儿童的重要他人，父辈、祖辈等主要抚育者在儿童社会情感的发展中发挥着教师、社会等难以替代的重要作用①。

一、家庭对社会情感发展的影响

亲子关系是儿童早期社会化的主要背景。作为父母,有能力与孩子建立一种温暖而深情的关系,这种关系促进了孩子社会化的进程。父母作为孩子的社交模板,对孩子有很大的影响力和榜样示范作用。在大多数文化背景中,父母是孩子的主要照顾者,控制着子女可用的资源。父母有能力管理孩子的环境,确保孩子受到积极的社会影响。

不同的家庭结构对儿童社会情感发展也有影响,但并不是决定性因素。家庭资源、社会支持、亲子互动和亲子关系质量,以及家庭情绪氛围和稳定情况对儿童的影响要远大于家庭结构的影响。当然,兄弟姐妹、同伴和其他成人也有影响,但这种影响可能比我们想的要小。

Grusec 和 Joan(2011)将家庭对儿童社会情感的影响分为五种类型:保护、互惠、控制、指导性学习和团体参与。每种影响都有可能在不同的条件下被激活,进而导致不同的社会化结果。

人口结构的变化促使社会日益重视隔代教养,尤其是祖辈养育对儿童发展的影响。这种影响表现为三重路径:其一是通过文化传承(如象征性传统传递)产生的间接作用,其二是经由祖辈对父辈的示范效应形成的链式影响,其三是祖辈与孙辈直接互动产生的即时效应。笔者通过系统梳理发现,祖辈行为可归类为情感和物质援助、育儿控制和角色榜样三类。祖辈通过这三种类别的行为作用于父辈,进而影响孙辈,对孙辈产生间接影响。而直接影响则通过祖孙的面对面互动实现——接触机会既是祖辈施加影响的前

①杨群.浅谈儿童社会情感在家庭中的培养[J].佳木斯教育学院学报,2014(6):318-320.

提条件，也是调节其影响力的关键变量。

二、隔代教养方式对儿童社会情感发展的影响

通过对国内外文献和资源的回顾和整理，可以发现，隔代教养模式下的三代家庭越来越普遍。儿童心理问题增加、教育焦虑、家庭关系破裂等已经变得普遍，人们的注意力开始集中在隔代教养对儿童影响的可能性上。

隔代教养对孙辈的影响研究较多，已被很多研究证实。一些专家强调，祖辈对孙辈非常重要。Mortimer(2017)对 422 家祖孙三代进行追踪研究，结果发现，第三代的成就不只是来自第二代的影响，学术自信和高教育期待的家庭文化是家庭教育能力的重要成分，可以帮助家庭保持自身的社会地位。祖辈可以为年轻的家庭提供情感和经济支持，有助于大家庭的家族团结。此外，祖辈的社会经济地位和取向可能反映了长期家庭环境造就的“独特文化”，并影响着他们的子女和孙辈。

Green(2019)的研究表明，祖辈在孙辈叙事认同的建构中起着关键作用。祖辈在孙辈的记忆中，起着表达温暖情感、讲故事以及作为道德价值观的典范的作用。当孙辈较小的时候，他们对祖辈的回忆更多是一些生动的生活小片段。但如果孙辈成长到青少年时祖辈还健在，他们会对祖辈的价值观和行为进行感知和评价。祖辈对家庭的支持和帮助，可以促进母亲重返劳动市场，可以通过影响母亲自己照顾孩子的时长或是母亲平衡工作与育儿的方式，直接或间接地增强或削弱祖辈的抚育作用。

Hällsten 和 Pfeffer(2017)对祖辈的财富和孙辈的教育成就之间的关系进行了回归分析。结果发现，祖辈的财富会通过父辈的社会经济地位和财富中介，间接影响孙辈九年级的绩点。财富的不平等带来的影响甚至会

持续好几代。

在祖辈的教育下，幼儿的社会认知、社会交往技能和社会规则等社会性发展均受到影响。陈丽丽（2018）[①]认为，隔代教养对儿童的情绪和行为都会产生影响，祖辈文化程度、亲子关系等，都可能在其中起调节或中介作用。在儿童的行为上，隔代教养也会影响儿童的人际交往行为。隔代教养大多只关注儿童的衣食住行，导致儿童在人际交往中以自我为中心，缺乏平等、互动的交往技巧。在独立性上，隔代教养可能会间接地培养儿童的惰性和依赖性，独立自主性也会变差。隔代教养对儿童社会性发展影响具体如下。

1. 隔代教养影响亲子依恋的形成

在隔代教养的家庭中，负责与孩子互动、喂养孩子的主要是祖辈。父辈与孩子的相处时间相对较少，与孩子间的亲子依恋难以建立，进而影响孩子的社会性发展。宗羽和秦大伟（2017）提出，隔代教育对儿童的社会性发展存在显著的消极影响。隔代教育会影响儿童安全型依恋关系的建立，从而影响其社会性发展。同时，从教育教学工作实践中发现，在隔代教养方式下，幼儿不安全型依恋比例较高、依恋安全性水平得分较低、亲子依恋受到冲击。

2. 隔代教养抑制儿童独立行为和人际技能的发展

在隔代抚养的过程中，祖辈因为年龄与精力的原因，很少会照顾到孙辈饮食起居之外的事情。在父辈无法及时干预和指导的情况下，孩子的心理需求得不到满足，更易出现性格孤僻、自卑等问题。祖辈也可能会受到“隔辈亲”的心理影响，溺爱孙辈，不纠正孙辈的不良习惯，养成了孙辈懒散和散漫的性格。费孝通曾提到，过度保护会导致儿童无法很好地养成自理自立

①陈丽丽. 隔代教养、祖孙依恋（依赖）与孙辈的心理发展[J]. 智库时代，2018，26：241-242.

的能力，即使到成年，也很难实现良好的自我发展。

3. 隔代教养影响儿童早期社会认知

在隔代教养方式下，儿童无法形成良好的亲子依恋。在父母缺位的情况下，儿童极易出现情感的敏感和脆弱问题，情绪控制能力较差，对社会的认知产生偏差。

4. 隔代教养影响儿童情绪情感发展

隔代教养中的男性祖辈角色弱化，致使儿童处于女性文化中，影响儿童性别角色定型，并且出现儿童感情脆弱、心理承受能力较弱、无法控制自我情绪等问题。这些都不利于儿童的健康成长，特别是情绪情感的发展。

Kleiner 等（1998）认为，隔代教养会伤害到儿童的情感能力，也不存在性别差异。而 Rohner（1975）发现，在母亲接受父亲或祖父母的育儿援助的家庭中，父母对孩子的接受度更高，孩子往往更自立。

综上所述，国外对儿童社会情感的研究更多集中于父辈对儿童的影响，隔代教养的研究更多关注跨文化等家庭中的隔代教育，近些年集中于高危家庭的隔代教育。国内对儿童社会情感的研究多关注儿童身边的重要他人：教师、父母、兄弟姐妹等。将儿童置于社会关系中，通过人际互动，了解儿童社会情感的发展，这是非常重要的。隔代教育研究多以农村留守儿童为研究对象，对城市研究很少。隔代教育研究内容多集中在祖辈对孙辈的影响的理论分析上，呈现丰富多元的特点，包括对隔代关系、心理影响、个性养成、道德影响等方面的内容，特别是对儿童社会性影响的研究也在逐年增加，但是缺少系统研究。国内关于祖辈及其对儿童发展的影响的文献还很不成熟，虽然有一些控制良好、以研究为基础的材料，但许多文献仍停留在描述和粗浅的分析上，特别是缺少对隔代教养方式影响的本质分析。

因此，通过实证研究验证隔代教养通过教养方式对儿童社会情感发展产生影响，提高对隔代教养方式影响认识，真正发挥祖辈教养优势，促进儿童社会情感发展，是当前教育高质量发展建设中一项重要课题。

第四节　三个核心概念

作为理解隔代教养与儿童社会情感发展关系的理论起点，需对隔代家庭、隔代教养方式、社会情感发展三个核心概念进行系统性廓清。在强调家庭责任共担的政策导向下，厘清三者的理论边界与交互逻辑，既是对当前隔代教养普遍化趋势的学术回应，亦为剖析代际教育实践对儿童发展的深层影响提供必要的分析框架。以下结合研究目标与实证背景，对相关概念进一步界定和补充。

一、隔代家庭

有研究提出夹心层家庭的概念，其指的是既需要抚养子女又需要赡养老人的家庭①。由祖辈参与孙辈的照顾和养育，从客观上可以帮助减轻父辈的精力以及资金压力。根据祖辈在孙辈教养过程中的参与程度进行分类，可以将隔代家庭分为核心家庭、联合家庭、替代养育家庭。

1. 核心家庭

核心家庭是以单一的父母教养为主、祖辈基本不参与教养的家庭。通

①SPILLMAN B C，PEZZIN L E. Potential and active family caregivers：Changing networks and the “sandwich generation”[J]. The milbank quarterly，2000，78(3)：347-374.

过访谈，这类家庭成员大多是外省市的优秀毕业生，他们是知识改变命运的一代，毕业后留京任职或创业，也就是所谓的“京漂”，他们的父母因为身体原因或者多子女家庭不能帮忙照顾孩子，或是因为文化程度等原因，他们希望自己的孩子受到更好的教育而独立抚养。这类家庭的父母非常优秀，通过努力在北京发展得很好，有了一定的经济实力，对孩子期望很高，也愿意付出精力和资金培养孩子。

2. 联合式教养家庭

联合式教养家庭，大多是年轻父母忙于工作或者本身是独生子女，一般工作较忙、没有时间照顾孩子，或者自己也在接受父母的照顾和资助，而祖辈无论是经济上还是在精力上都能给予子女一定的帮助。通过访谈，从背景来看，大致可以分为两类家庭：一类是土生土长的北京人，与祖辈生活比较近，便于祖辈照顾孙辈；还有一类是“北漂”一族，留在北京工作或者创业，祖辈进京养老或帮忙照顾孙辈。从祖辈参与教养孙辈的时间来看，一类是父母为主、祖辈为辅的联合教养模式，非本地户口父母的家庭居多；一类是祖辈为主、父母为辅的联合教养模式，这类家庭大多是北京独生子女家庭或者一部分“北漂”。有一部分祖辈几乎“替代子女”抚养教育孙辈，包办孙辈的一切。孙辈有祖辈的庇护，在家庭中处于核心地位，祖孙关系甚至比亲子关系更紧密。

3. 替代养育家庭

还有一种家庭类型，也就是单一的祖辈教养家庭——替代养育。这类家庭一般不多，通常为农村留守儿童家庭。在本书研究样本中，几乎没有这种类型的家庭。

关于隔代教育的类型，笔者主要关注的是联合式教养家庭，即不完全隔代的家庭。

二、隔代教养方式

按照描述行为类型和相互作用的方式，确定隔代教养方式和类型。笔者将隔代教养方式界定为祖辈代替父辈，对孙辈的日常生活中的抚养、教育、指导的稳定的教育观念、教养行为及其情感表现的一种组合方式，具有一定的稳定性和行为倾向。同时，选择四因素模型对祖辈教养方式进行分析。其中，关怀指的是养育者给孩子的温暖和关心；冷漠/拒绝指的是养育者对孩子冷漠、忽视的程度；过度保护指的是养育者对孩子的过度干涉；自主性指的是养育者给孩子自主选择范围的大小。

三、儿童社会情感发展

儿童社会情感发展是儿童个体发展的重要组成部分。关注和支持儿童情感需要，有助于促进儿童全方位、多领域发展。从心理学和社会学的视角，社会情感发展关注的是个体内部和人际领域的品质和能力。

胡伶(2012)认为，社会情感能力是儿童个体监控自我及他人情绪、情感并根据这些信息指导自己思想和行为的能力。黄中慧(2015)则认为，社会情感能力是对自我、对他人、对集体的认知与管理的意识、知识和技能的能力。胡倩(2016)进一步指出，社会情感应是儿童在社会互动过程中体验积极情绪、调节消极情绪的能力，可以与父母、老师、同伴形成安全的依恋关系。李明蔚、毛亚庆和李亚芬(2021)则借鉴 CASEL 的定义，认为社会情感能力是“人们在成长和发展的复杂情境中发展出来的认识情感和管理情感的能力”。

可以看出，社会情感能力的内容既有个体对自己情绪认识和监控的部分，也有对他人认知和交往、群体融入的部分。本书采用毛亚庆教授的定义，即社会情感能力是人们在成长和发展的复杂情境中发展出来的认识情感和管理情感的能力，能够对他人进行关怀和照顾，有责任有担当，并维护良好的人际关系，可以有效处理人际问题。

社会情感能力包括五个维度的发展：自我意识、自我管理、社会意识、负责任决策和人际交往技能。自我认知指的是儿童对自己、自己在团体中身份的认识；自我管理是儿童对自己行为、注意力的管理程度；社会认知是儿童对他人的理解、同情和关怀程度；人际交往技能指的是儿童与他人相处、交往的技能；负责任决策则是儿童能否基于社会规范或评估行为后果，做出某种行为。同时，儿童社会情感发展应该强调“三个关注”：关注个体的生命成功，关注个体内部情感和人际能力，关注社会互动中对情绪的体验与调节、与他人的关系的建立。

第五节　三大理论基础

隔代教养对儿童社会情感发展的影响，本质上是生态嵌套性、符号互动性与关系建构性三维力量交织作用的结果。这三大理论从不同层面揭示了代际互动的复杂性，其融合视角可构建系统性解释框架。

一、人类发展生态学模型

各种各样的成长环境是儿童形成与社交能力有关的认识和行为的主要

环境。它们小到家庭、社区和学校，大到城市、国家和媒体，乃至整个文化层次，在任何一个或所有这些环境中发生的事情都会以不同的方式影响着儿童，并最终影响他们的社会能力发展的程度。这些环境之间的关系是怎样的？它们是如何结合起来影响儿童的生活？这种影响是怎样发生的？布朗芬布伦纳强调“环境中的发展”的重要性，儿童的成长离不开动态发展的环境。因此，从微观角度而言，家庭包括正式或非正式的支持系统以及它们所处的文化，是儿童最先接触且影响最深远的环境。

布朗芬布伦纳(1979)认为，发展的个体位于系统中心，镶嵌在几个环境系统之中。每个系统相互嵌套，互相影响，在许多重要方面影响着个体的发展。

作为儿童最直接体验的社会环境，微观系统包括家庭和学校等，其中的成员、物质及文化因素均对儿童的行为和认知产生深远影响。很多研究表明，微观系统在塑造儿童行为上具有重要作用。例如，父母在温情和控制、溺爱和严格中找到平衡时，儿童的社交能力发展更快。当父母的态度主要是消极的或干涉的，积极的结果就很少出现。而且，这些影响不是单方面的过程，儿童也影响着周围的人和事。这种相互作用强调了微观系统是一个动态的环境，在这一系统中每个人都既影响他人，又受到他人的影响。此外，微观环境还包括由教师和同伴组成的学校环境。

中观系统，关注儿童参与的各微观系统间的联系与影响。例如，家庭环境与学校环境之间的互动，对儿童社交能力的提升起着关键作用。当家庭与学校之间的社会期望一致时，儿童的社交能力更易得到发展。

外部系统，则是指那些儿童未直接参与但对其产生影响的环境和关系。文化影响、价值观等组织和意识形态，都对儿童的社交能力发展产生深远影响。儿童通过直接的教学明确地进行学习，也通过周围人的行为潜在地学习。

宏观系统，被广泛地定义为人们对一些问题的基本看法，包括应该怎样对待儿童，应教给他们什么，以及什么样的行为和态度能表明儿童的社交能力。

布朗芬布伦纳认为，儿童的成长和发展是随时间及环境的变化而变化的。儿童从最先接触的父母开始，逐渐认识和了解其他家庭成员、玩伴、学校和社会。家庭最重要的功能是发展和促进儿童社会化过程。儿童获得重要且适宜的信念、动机、价值观及行为方式，是在与幼年照顾者的互动中形成的。

作为一个复杂的社会系统，家庭意味着任何两个家庭成员之间的互动都会受到第三个家庭成员的态度和行为的影响。也就是说，当夫妻双方能够合作养育，也就是相互支持对方的教养活动，以合作而非敌对的方式发挥作用时，儿童能够获得最好的发展。总之，家庭中的每个人和每种关系都是通过整个系统所示的影响路径影响其他人或其他关系的（Belsky 等，2004）。家庭的复杂性还要考虑扩展家庭的复杂性。在这种家庭中，父母与孩子会和其他亲属——祖父母、叔叔、姑姑、侄儿、侄女等生活在一起，或有亲密接触。

家庭也是一个动态的或变化的系统。所有的家庭都嵌套于宏观的社会文化背景之中，这些文化背景会直接或间接地影响家庭的发展方向。例如，扩展家庭相当普遍，对于经济上处境不利的某些美国母亲来说，这种家庭具有很好的适应性。如果她们从自己的母亲或其他亲属那里获得更多必要的养育帮助和社会支持，就可能成为更敏感、更负责任的母亲。实际上，即使是处境不利的某些美国学龄儿童和青少年，如果可以在家里获得足够的教养，就可以得到积极的发展，如形成很强的独立感，心理适应良好，学业成绩巩固，较少有行为问题等。

很明显，健康的家庭背景在很大程度上既依赖于个体家庭的需要，又依赖于家庭(处于特定的文化和亚文化背景中)所倡导的价值观念。从生态系统理论的角度而言,家庭中的社会化是多种影响途径纵横交错、繁忙的岔路口,社会情感能力与认知能力的发展同样重要。儿童是家庭中的成员,家庭又处于以社区和工作为基础的社会网络中,这些环境都会对儿童的发展产生直接或间接作用。

二、符号互动理论

20 世纪中叶,美国社会心理学家乔治·赫伯特·米德提出了符号互动理论。虽然符号互动理论起源于实用主义和行为主义,但米德更强调社会行为,认为心灵、自我都起源于社会,并最终回归到社会中去。此外,米德也强调语言的重要性。个体在与他人的交流中使用语言和重要符号。符号互动主义者主要关注主观观点的解释,以及个人如何从自己独特的视角来理解世界。符号互动主义者往往较少关注客观结构,而更关注主观意义——个体之间重复的、有意义的互动是如何定义社会组成的呢?

符号互动理论的基本原则是:个体的行为是基于有意义的对象产生的;互动发生在一个特定的社会和文化背景下,物理和社会对象(人),以及情境必须根据个体赋予的意义来定义或分类;意义从与他人和社会的互动中产生;意义是与他人互动时通过解释持续创造并再创造的。

米德认为,人类有能力通过内部操作符号来检查和选择潜在方案,来解决正在进行的活动。人们可以灵活地对环境做出反应,并通过别人的反应形成自我认知。事实上,具身性定义了自我。思想和自我产生于持续的社会互动,当解决方案需要与他人合作时,这种互动是十分必要的。合作的基础是采纳对方对事件预期的态度。个体在事件中承担的角色是通过交流来实现的,而交流依赖于那些参与社会进程的人们之间有意义的相互作用。

米德也将自我发展划分为三个阶段：玩耍阶段、游戏阶段和一般化他人。其中，玩耍阶段是儿童模仿的重要途径，一种“玩”是自言自语，自己和自己玩；另一种则是进行角色扮演，逐渐意识到自我，形成初步的社会关系。而游戏与玩耍不同，儿童的态度必须和参与游戏的其他人一致，这种态度形成了一种整体，而正是这种整体控制着个体的反应。

研究也表明，性别、年龄以及社会环境都对亲子互动具有很大的影响。因此，从父母/隔代教养方式出发，了解不同年龄和不同性别下的教养方式对儿童社会性发展的影响。

三、关系性存在理论

格根在《关系性存在：超越自我与共同体》[①]一书中试图超越对“个体”和“集体”的理解，将“关系的过程”置于一切意义产生的中心[②]。他认为关系在教育中优于个体，这一观点与中国传统文化中的“关系”有相似与相通之处。格根认为：“一切意义皆产生于协调或联合行动；关系并不发生于个体之间，个体的功能产生于关系之中。”

格根特别强调关系双方的重要性。在家庭中，所有的一切都是父母和孩子共同完成的；在课堂中，互动是课堂的中心。所有的教育都是通过个体对社会意识的参与来实现的。基于这一关系视角可以看出，儿童的社会情感能力发展需要家庭与父母、学校与教师、儿童与同伴彼此协调和互动，形成教育合力，才能促使儿童逐步学习和掌握社会情感技能。在与他人的互

①KENNETH J GERGEN. Relational Being: Beyond self and community [M]. Oxford: University Press, 2019.

②杨莉萍，KENNETH J GERGEN. 社会建构论心理学及其发展：对话科尼斯·格根[J]. 教育研究与实验，2012(4)：1-8.

动中，社会情感能力在共同行动中不断建构和重构，进而实现“关系的社会性构建”的能力[①]。

隔代教养对儿童社会情感的影响，绝非简单的“促进”或“阻碍”二元判断。在三维理论融合视角下，祖辈参与教养既可能因生态系统的文化惯性加剧代际冲突，也可能通过符号意义的创造性转译与关系性存在的疗愈重构，成为儿童社会情感发展的独特资源。关键在于，通过生态支持打破代际孤立，通过符号教育弥合意义断层，通过关系实践激活情感联结，最终将隔代教养转化为跨越时空的“发展联盟”。

①杜媛，毛亚庆. 基于关系视角的学生社会情感能力构建及发展研究[J]. 教育研究，2018，39(8)：43-51.

第三章

隔代教养方式的类型与特征分析

随着家庭结构变迁与代际分工模式的演化，隔代教养已从传统家庭互助的“非常态选择”逐渐转变为现代社会的“常态化实践”。这一现象背后，既折射出代际资源整合的现实需求，也隐含着代际价值观冲突与教养权责重构的深层张力。现有研究表明，祖辈参与教养的动机、介入程度及互动模式存在显著异质性，其差异直接影响儿童社会情感发展的路径与效能。系统解构隔代教养的类型谱系，不仅有助于厘清代际互动的动态机制，更能为差异化干预策略的制定提供科学依据，是破解“代际协同困境”与“情感社会化代际传递”命题的关键切口。

第一节　父母教养方式与隔代教养方式的差异

在隔代教养研究中，父母教养方式与隔代教养方式差异及其影响因素是探究代际教育实践效应的关键。

通过描述性统计发现，在父母教养方式中，关怀得分最高，自主性、过度保护、拒绝得分依次递减，拒绝得分最低；在隔代教养方式中，关怀得分最高，自主性、过度保护、拒绝得分依次递减，拒绝最低。

为进一步揭示教养方式的差异特征，下面从家庭地域、居住区域及父母职业单位等方面展开分析。

一、教养方式在是否为本地家庭方面的差异

采用独立样本 t 检验，对父母教养方式与隔代教养方式的得分在是否为本地家庭方面的差异进行检验，见表 3-1。由表 3-1 可知，教养方式得分在是否为本地家庭方面皆无显著差异（$ps>0.05$），表明父母教养方式和隔代教养方式与是否为本地家庭无显著相关。

表 3-1　教养方式在是否为本地家庭方面的差异比较

教养方式	维　度	本地家庭（$M\pm SD$）	非本地家庭（$M\pm SD$）	t
父母教养	关怀	3.39±0.55	3.37±0.57	0.47
	拒绝	1.67±0.69	1.77±0.69	−1.68

续上表

教养方式	维　度	本地家庭（$M \pm SD$）	非本地家庭（$M \pm SD$）	t
父母教养	过度保护	1.91±0.65	1.98±0.63	−1.44
	自主性	3.21±0.57	3.14±0.55	1.53
隔代教养	关怀	3.48±0.55	3.42±0.60	1.05
	拒绝	1.58±0.64	1.60±0.64	−0.42
	过度保护	1.78±0.65	1.84±0.62	−0.96
	自主性	3.32±0.59	3.22±0.60	1.86

二、教养方式在家庭居住区域方面的差异

采用单因素方差分析，对父母教养方式与隔代教养方式的得分在家庭居住区域方面的差异进行分析，见表 3-2。由表 3-2 可知，父母教养和隔代教养的过度保护、自主性在家庭居住区域方面存在显著差异（$ps<0.05$）。通过事后检验可知，城区家庭中，不管是父母教养还是隔代教养，过度保护得分都显著高于城郊和乡镇家庭；城区家庭中，不管是父母教养还是隔代教养，自主性得分都显著低于城郊和乡镇家庭。其他变量在家庭居住区域方面不存在显著差异（$ps>0.05$）。

表 3-2　教养方式在家庭居住区域方面的差异比较

教养方式	维　度	城区（$M \pm SD$）	城郊（$M \pm SD$）	乡镇（$M \pm SD$）	F
父母教养	关怀	3.39±0.58	3.37±0.51	3.43±0.48	0.36
	拒绝	1.74±0.73	1.60±0.60	1.66±0.63	2.58
	过度保护	2.03±0.66	1.71±0.59	1.78±0.56	19.38***①
	自主性	3.10±0.57	3.33±0.57	3.35±0.47	15.77***

① * 代表相关性，* 越多代表相关性越大。下同。

续上表

教养方式	维　度	城区($M \pm SD$)	城郊($M \pm SD$)	乡镇($M \pm SD$)	F
隔代教养	关怀	3.46±0.56	3.49±0.59	3.45±0.51	0.21
	拒绝	1.59±0.66	1.53±0.60	1.64±0.61	0.85
	过度保护	1.90±0.65	1.65±0.64	1.62±0.52	12.32***
	自主性	3.23±0.58	3.41±0.62	3.41±0.56	6.98**

三、教养方式在父亲工作单位方面的差异

采用单因素方差分析，对父母教养方式与隔代教养方式的得分在父亲工作单位方面的差异进行分析，见表 3-3。由表 3-3 可知，教养方式得分在父亲工作单位方面皆无显著差异($ps > 0.05$)，表明父母教养方式和隔代教养方式与父亲工作单位无显著相关。

表 3-3　教养方式在父亲工作单位方面的差异比较

教养方式	维　度	事业单位($M \pm SD$)	企业单位($M \pm SD$)	个体/私营($M \pm SD$)	自由职业($M \pm SD$)	F
父母教养	关怀	3.45±0.54	3.38±0.54	3.36±0.59	3.39±0.52	0.81
	拒绝	1.67±0.68	1.65±0.65	1.74±0.75	1.65±0.63	0.63
	过度保护	1.83±0.62	1.89±0.59	1.96±0.72	1.99±0.63	1.56
	自主性	3.24±0.61	3.16±0.54	3.20±0.58	3.24±0.54	0.87
隔代教养	关怀	3.52±0.53	3.48±0.53	3.39±0.63	3.46±0.66	1.40
	拒绝	1.52±0.65	1.56±0.59	1.61±0.68	1.62±0.59	0.63
	过度保护	1.74±0.58	1.78±0.62	1.86±0.72	1.59±0.48	2.40
	自主性	3.33±0.54	3.27±0.58	3.28±0.62	3.34±0.74	0.45

四、教养方式在母亲工作单位方面的差异

采用单因素方差分析，对父母与隔代教养方式的得分在母亲工作单位方面的差异进行分析，见表3-4。由表3-4可知，教养方式得分在母亲工作单位方面皆无显著差异（$ps>0.05$），表明父母教养方式和隔代教养方式与母亲工作单位无显著相关。

表3-4　教养方式在母亲工作单位方面的差异比较

教养方式	维　度	事业单位（$M\pm SD$）	企业单位（$M\pm SD$）	个体/私营（$M\pm SD$）	自由职业（$M\pm SD$）	F
父母教养	关怀	3.39±0.53	3.39±0.55	3.43±0.57	3.36±0.60	0.30
	拒绝	1.73±0.72	1.66±0.67	1.64±0.68	1.66±0.64	0.61
	过度保护	1.98±0.66	1.90±0.63	1.84±0.65	1.84±0.56	1.85
	自主性	3.14±0.56	3.20±0.61	3.26±0.54	3.23±0.51	1.52
隔代教养	关怀	3.49±0.55	3.47±0.56	3.41±0.61	3.43±0.60	0.53
	拒绝	1.59±0.66	1.53±0.59	1.61±0.70	1.60±0.54	0.52
	过度保护	1.84±0.65	1.77±0.61	1.80±0.72	1.60±0.50	2.05
	自主性	3.26±0.61	3.31±0.56	3.31±0.67	3.32±0.57	0.34

第二节　隔代教养方式的类型及其特征

隔代教养并非单一模式，其类型与特征受祖辈教育背景、代际关系质量、家庭资源分配等多重因素形塑，呈现出显著的异质性。本节将结合实证

研究，系统梳理隔代教养方式的类型谱系及其核心特征，尤其关注祖辈在情感回应、规则设定等维度的行为模式差异，以此揭示不同教养类型对儿童社会情感能力发展的潜在作用路径。

一、隔代教养方式类型的量化数据结果

父母教养方式和隔代教养方式依据关怀、拒绝、过度保护、自主性四个维度，以均值为界转换为二分变量，分为 16 种类型，见表 3-5。

表 3-5　隔代教养方式的类型

序　号	类　型				序　号	类　型			
	关　怀	拒　绝	过度保护	自主性		关　怀	拒　绝	过度保护	自主性
1	高	高	高	高	9	低	高	低	低
2	高	低	高	高	10	低	低	高	低
3	高	高	低	高	11	低	低	低	高
4	高	高	高	低	12	低	低	低	低
5	高	低	低	高	13	低	高	高	高
6	高	低	高	低	14	低	低	高	高
7	高	高	低	低	15	低	高	低	高
8	高	低	低	低	16	低	高	高	低

舍弃关怀与拒绝、过度保护与自主性的矛盾维度，可以初步得出隔代教养方式的四种类型：高关怀、低拒绝、低过度保护、高自主性；高关怀、低拒绝、高过度保护、低自主性；低关怀、高拒绝、低过度保护、高自主性；低关怀、高拒绝、高过度保护、低自主性。

二、隔代教养方式的特征

为深入探究隔代教养的实践逻辑与类型特征，本书基于对 29 个家庭的

半结构性访谈，从祖辈与父辈的双重视角切入，结合量化研究（隔代教养方式问卷）的维度框架，对隔代教养方式进行了系统性梳理与归类。

访谈中，受访者通过“宠溺”“妥协”“替代”“无微不至”“有求必应”“包办代替”“言听计从”“无可奈何”等本土化语言，生动刻画了隔代教养的复杂图景。这些表述既折射出祖辈在代际互动中的情感倾向与行为模式，也隐含着家庭结构、文化观念与现实约束的交织影响。下面将在描述这些访谈内容的同时，运用心理学、社会学、解释学领域的相关理论与方法，以及笔者自己的理解和感受，对其进行分析和解释。

1. 宠溺：隔代教养情感特征

在访谈中，祖辈和父辈使用最频繁的一个词就是“宠溺”。从字面意义看，“宠”是指溺爱与供养的意思。《说文解字》对“宠”字的解释是“尊居”。“尊居”就是指供养。“溺”表示的是沉湎，无节制。欧阳修的《伶官传序》中有“夫祸患常积于忽微，而智勇多困于所溺”，简化为“困于所溺”。在生活中，“宠溺”也是人们常常描述祖辈血脉亲情的词语，是“隔代亲”教养行为的现实表现。宠溺行为不仅是一种爱，也是中国式隔代教育的通病。具体表现为祖辈对孙辈过分疼爱、以孙辈为中心、满足一切要求、包揽孙辈一切、过分宠爱和保护孙辈。

在父辈描述祖辈养育行为时，多认为祖辈在生活上照顾得无微不至、包办代替孙辈的一切，是“宠溺”教养行为最主要的表现。下面对“宠溺”进行具体探讨。

祖辈照顾孙辈生活无微不至。在所调查的家庭中，无论是祖孙三代一起居住还是分开住，祖辈在养育中基本承担着照顾孙辈生活的责任。他们大多负责照顾父辈和孙辈的饮食起居，负责孙辈上下学的接送，还有的祖辈会在家看管孙辈完成学习任务。虽然随着孙辈年龄的增长，祖辈在孙辈生活中参与度越来越低，但在祖孙相处时，祖辈仍然尽心竭力地照顾孙辈。

有位二年级男孩的父亲在访谈中描述："爷爷奶奶每天给孙子做饭，吃饭和穿衣服都不用孩子操心，爷爷奶奶都会准备得非常细致到位。比如，放学后有兴趣班，担心孙子上课时会饿，又担心外面的饭不健康，为让孙子吃上热乎饭，爷爷会提前把吃的东西准备好。有时是热一个小包子装到饭盒里，然后开车去接他，接上他之后会让他在课前吃好。每天他的衣服穿完之后都会扔到一边，奶奶在他走之后，会把这些衣服洗得干干净净，并叠整齐放好，以备孩子随时穿。如果孩子把衣服扔在边上，奶奶都会马上拿去洗干净。"这位父亲在谈到祖辈照顾孩子时，多次提到"无微不至"。

有位奶奶在谈到自己照顾孙子时，满眼的爱和担心，总怕自己照顾不周，就连孩子有个小感冒，都要端药到床，"孙子有点小咳嗽，我知道孙子懒得动，我就把药端到孙子跟前让他喝"。还有的祖辈在照顾孙辈时，"帮孙子挑鱼刺，剔骨头"，以至于孩子三年级还不会自己吃鱼。

在访谈中发现，祖辈很少让孙辈参与家务，"没有爷爷奶奶在身边，孩子自己还能做点家务，因为这个年龄段的孩子也有了一些自理能力，但是爷爷奶奶在的时候孩子基本什么都不干，爷爷奶奶也不让干"。究其原因，是祖辈对孙辈的溺爱，也有祖辈认为让孙辈来做更麻烦。有位奶奶说："这些事情让孙子去做，太浪费时间了，或者说太耽误事了。一般情况下，都会让他自己去玩，我们觉得怎么省事怎么来。与其看着他磨蹭做一天，不如我自己做得痛快。"

包办代替是中国式家庭教养比较明显的方式，不敢也不肯放手让孩子自主成长。特别是祖辈，一方面是爱孙辈，情感因素让他们认为这样做是应该和正常的；另一方面也是因为他们在为子女照顾孙辈过程中，担心孙辈万一有闪失，无法向子女交代，所以更容易对孙辈照顾无微不至，要求都答应，甚至全包办。这说明，祖辈在心理上还是不太相信孙辈，祖辈甚至不相信子女能照顾好孙辈，认为孙辈不会、不行和不能。有研究发现，祖辈"替代"养育过程中，包办代替比例明显高于父辈。不仅是日常的饮食起居，还有整理物品、洗衣做饭，帮助孙辈打理生活中的一切。他们替子女承担了所有的养育责任，也替孙辈包办了一切。“包办得非常严重，就比如十岁大的孩子了，饭后的水果都要切得特别小，端到孙子面前。”有位奶奶为了让孙子完成作业，还会经常帮助孙子预习和复习，在访谈中就有这样的现象。

事实上，隔代教养的事事包办不仅不会引起孙辈的好感，而且经常换来的是孙辈和子女的埋怨，出现“费力不讨好”的结果。祖辈的包办代替滋生了孙辈的坏习惯，增加了他们的依赖性，同时也限制了他们的成长。如果父辈也视而不见，舍不得孩子独立和自主，只会让孩子更加软弱和懒惰。只有父辈准确定位自己责任，敢于纠正祖辈的包办行为，让孩子亲自动手，才有利于孩子坚强、自信性格的形成。无论是祖辈还是父辈，只有尊重孩子的独立意识，鼓励和引导其自己的事情自己做，孩子才会觉得长辈理解自己、爱自己。

无微不至、包办代替等教养行为表现的背后是祖辈对“隔代亲”的误读。“隔代亲，连着筋”“亲孙子，命根子”，自古以来就有很多描述隔代亲情的谚语，这种“溺爱”使得祖辈认为照顾孙辈顺理成章，理所当然，不觉得有什么不对或者不好，甘当孙辈的“仆人”。这种祖孙关系已经跨越时空，变成了一种祖辈在经济上、精神上、物质上的“供养”关系。祖辈对孙辈的供养，是代际关系，是非传统意义的供养。

2. 妥协：隔代教养关系特征

不仅生活上无微不至，祖辈对孙辈的要求也是有求必应。“有求必应”意思是，只要有请求，就一定答应，形容容易答应人的请求、好说话，出自《夜谭随录·崔秀才》。对于多数祖辈来说，爱就是满足孙辈的一切要求。特别是爷爷对孙子，大多都是有求必应。只要孙辈提出来，无论是否合理，都一律满足。对于大多数孙辈来说，祖辈是最“好说话”、最能无条件满足自己需求的人。这样的祖辈,往往认为“我的孙子是最好的”“在爷爷眼里,孩子没有什么不对的地方”,即使不好也“好”,常常“护短”。平时一般“以哄着为主”,对孩子的缺点无原则包容,甚至是错误的行为或者是有碍于成长的行为也不制止。

下面是一位奶奶的描述:“平时,我们主要以哄着为主,爷爷比较宠着。我比较严格,有的时候她对我无礼,跟我耍脾气,我就不理她,直接回房间。她一会儿就好了,又来找我:‘奶奶,咱们一起玩。’她把刚才的事已经忘了,我也当刚才的事情已经过去了。有的时候,我也特生气。有一次,我在忙着做饭,爷爷陪着她玩。当时,爷爷穿着羊绒衫,她拿小剪刀一边比画,一边冲着爷爷说:‘信不信我剪了您的衣服!’还没等爷爷回过神,她已经咔嚓一剪子把羊绒衫剪了一个口子。当时,我并不知道。等她晚上走了以后,爷爷才跟我说:‘你看看那羊绒衫,让孙女剪坏了!’一件很贵的羊绒衫就这么剪坏了,她没说对不起,也没告诉我,就像没事人似的走了。爷爷看我不高兴了,赶紧替孙女开脱:‘算了,剪坏就剪坏吧,不穿了!’虽然后来她妈知道了,也批评了她,但是看她也没往心里去,这事就这么过去了。她父母也抱怨我们为什么不管她,我们真的不知道怎么管才好,再说我们管,她也不听啊。”

祖辈在管教孙辈过程中确实有时很无奈,但也有的祖辈不仅自己不批评不教育、无底线地包容,当别人指出孙辈的问题或者错误,他们还不允许别人批评。有的祖辈与孙辈在一起,基本上是言听计从,“孩子说什么,就干什么”,从来不反对。即使父辈认为孩子要求不合理,祖辈也会支持孙辈。比如,一位母亲描述:“孩子想去泡温泉,因为作业没写完,而且这段时间泡温泉的人非常多,我认为不太卫生,就没同意。结果,孩子就给姥爷打电话告状。我爸立刻给我打来电话,让我必须带着孩子去。最后,我们没办法只好领着去了。”

一些父辈表示,祖辈对孩子“什么要求都答应,想干什么都同意”,导致孩子很不好管。比如，一位母亲说："孩子年龄小，我们担心孩子的视力问题，就约束他看电视的时间。但是，在爷爷家，他就会没完没了地看。为了避免惹爷爷奶奶生气，我们也不敢管。夏天时，孩子吃冰棍不能吃那么多，对身体不好。但在爷爷家，想吃就吃。"

祖辈或祖辈一方的庇护，让孙辈知道在父辈面前很多不可以做的事情都可以做。有位母亲特别无奈地说："前段时间，因为弟弟生病，只能把孩子放在奶奶家。每天送她上学就成了最大的问题。早晨吃完饭，就坐在那儿看电视，不断催促才起来去上学。在家里从来没这样过。但是，在奶奶家就是这样。"母亲的描述里满是对孩子教育失去掌控的无奈。不仅如此，祖辈对孙辈"不合理的要求全满足，不合理的言辞也不会直接拒绝。哪怕是对爷爷奶奶不礼貌的行为或者态度，爷爷奶奶不仅接纳，还会以孩子小为由开脱"。

此外，祖辈对孙辈的态度特别客气、温和，"说话都要叫'乖乖'""即使不恰当的行为也不批评，最多就是一笑了之"，这让幼小的孩子知道，爷爷奶奶是最好说话的人，对爷爷奶奶可以不尊重，"甚至可以对爷爷奶奶呼来喝去"。

祖辈不仅在物质上有求必应，在精神上也成了孙辈的玩伴。一位奶奶讲述："一般情况下，他早晨过来就玩，玩完写会儿作业。吃完饭后，他想玩什么我就跟他玩什么。比如他说跳舞，我们就跳舞；我们还做游戏、表演节目，他让我演出我就得演，他还得给我戴头饰。"奶奶不觉得累，也不觉得烦，反而还很开心，"如果我没时间，就让阿姨陪着玩：摆积木、过家家、打扑克牌等。实在没得玩，就让他玩手机。"

由此可见，祖辈在照看孙辈过程中以无原则的包容求得祖孙的融洽与和谐。有的祖辈认为，"教育是他爸妈的事，我们照顾时只要不出事就行"。这种低效能的陪伴甚至放任，容易造成儿童以自我为中心、高度任性的问题，非常不利于儿童的成长和社会情感发展。

3. 慈爱:隔代教养情感底色

从父辈和祖辈那里了解到,隔代教养还有很多科学的教养方式。祖辈在照顾和陪伴孙辈成长时有许多成功的做法,有很多好的教养行为可以借鉴。在很多父辈和孙辈看来,祖辈角色大多是慈爱的,教育中是充满耐心的。慈爱大多指老人对年幼者的慈祥和怜爱。耐心则是祖辈的一种教养智慧和心态。拔苗助长式教养不仅急功近利且不符合儿童的发展规律,不利于儿童成长。

在访谈中,提到最多的词也是“慈爱”和“耐心”,大多发生在奶奶和姥姥身上,她们对孩子慈祥、充满怜爱,却又不失原则,“奶奶比较和蔼,天天洗衣做饭,陪孩子玩”。这样的祖辈在孙辈成长中,负责照顾孙辈的饮食起居,同时也陪伴孙辈学习;当孙辈遇到困难时,她们会鼓励孙辈;孙辈犯错误时,她们也会耐心指导。她们关注孙辈的成长需要,会与父辈在期望和要求上达成一致,并不断调整自己的期待和标准。

一位父亲说:“放假期间,奶奶会让他帮忙做一些家务,闲暇时用手机搜一些有趣的手工视频,祖孙俩一起做手工。有时候,看到孩子做家务,他那么瘦,还那么小,我会心疼孩子,就想过去抢过来替他做。但是,奶奶就会不高兴,孩子也坚持自己做,他觉得自己能做好,不用帮助。祖孙俩配合得非常默契。就这样,孩子的自理能力变得非常强。另外,当孩子坚持做什么事情的时候,有时候会做不好,甚至有时候会失败,我们就会说‘没事,你别做了’。但是,奶奶会鼓励他,并陪着他再做一次。这对我们来说也是一种教育。还有一次,孩子要做小报,他把贴纸贴歪了,我说:‘歪了,就别贴了。’他认为就是这样设计的,所以坚持要贴。我跟着想了半天办法,又懒得重新去买,看着孩子急得要哭,我只好在家里寻找同样的纸,但家里没有。于是,奶奶过来替我们想办法,带着孩子一点点地把贴歪的纸揭下来,重新在一张 A4 纸上贴了一圈,并设计了一个花边,然后在中间写上了字。奶奶边帮忙边说：'你看，我们现在做得多好，什么事情都不能着急，一着急就想不出办法了，你哭了半天也解决不了问题，但是我们冷静下来，想想办法就解决了，以后遇到困难不能着急，也不能拧着，要积极地想办法，就一定能做好。'当孩子完成这件作品后，不仅体会到成功的喜悦，同时也学会了控制情绪，并提高了解决问题的能力。"

这位父亲表示，他在这个过程中也感受到奶奶引导孩子的耐心。父亲这样描述自己的心情："这孩子愿意钻牛角尖，有时候我也会控制不住，想跟他急，有点压不住。但是，奶奶每次都能沉住气，耐心地跟孩子讲道理，帮孩子想办法，我们其实也从奶奶身上学会了控制情绪。"

这个孩子的奶奶也讲述了一段陪伴孙子学习的经历："刚上一年级的时候做口算，他每次做完，认为自己都做对了就交给我。我给他检查，发现错误时就会让他自己再检查一遍。有时他检查不出来，我就告诉他大概是哪部分出错，让他自己去发现错误并改正过来。陪伴他的过程，我很快乐。每次他做得都很好，我非常开心。我并没有什么烦恼，带孩子给我带来了很多快乐。能陪伴孙子成长，我觉得很幸福。"奶奶的耐心给孙子创造了很多的成长机会，不仅促进了家庭的和谐，更使祖孙三代人都获得快乐。还有一位奶奶在访谈中说："在带孙子的过程中，我最大的快乐就是看着他一天天进步。他特别活泼，很有想法和创意，很暖心。他会在每个节日为家人精心准备一些礼物，所以给我带来很大的天伦之乐。"

无论在祖辈的眼里，还是在父辈的描述中，都能感受到慈爱和耐心给孙辈带来的成长红利——独立自主、活泼开朗、做事有毅力。一份强大而理性的爱，能够培养出一个懂感恩的快乐的孩子。正如《国语・楚语上》所言"明慈爱以导之仁，明昭利以导之文"，其明确了慈爱对引导人仁德的重要性。

三、父母教养方式的特征

在父母教养方式的访谈中，研究发现除了传统的成人控制类型外，还有一些当今社会流行和较为典型的父母教养方式。这些教养方式有些是经验型的，有些是“按书索骥”，还有其他的一些现象。一些父母崇尚自由和快乐的教养方式，但是在教养实践中不能真正地尊重孩子的天性，而变成了一种现实的放任；或者变成指向对他人的要求，要求学校老师要保证孩子的安全、给孩子养成好的习惯，要求周围小朋友不能伤害到孩子，希望补课班能够提升孩子的学习成绩，但是自己不愿意或者不能付出更多的努力和精力去陪伴、教育和引导。理由往往是工作忙、累，没有精力，或者自己不能、不会、管不了，他们只重视结果，而很少陪伴孩子和关心孩子内心的真正需要。下面通过对这些概念的描述，从感性上理解父母在教养实践中的一些做法和现象。

1. 开心式：高度自主教养态度

开心式教养——这是访谈一位一年级孩子的母亲时，她对自己的教养模式的概括。夫妇二人是“北漂”创业，母亲开了几家幼儿园。一见面，这位母亲就开始滔滔不绝地介绍自己的教育理念。她推崇孔子的乐教传统，致力于以乐育情、以乐育智。她创办的幼儿园，琴棋书画等课程非常丰富，希望通过多样的课程发现学生的兴趣。她给女儿也安排了很多艺术课程，希望女儿能够开心快乐。她认为自己尊重孩子，并注重培养孩子的独立性。有事情时，她会征求女儿的意见和建议，跟孩子多讲道理。这位母亲给笔者的第一感觉就是对教育有自己的理念、对孩子教育有自己的理解。但是，可能是职业原因或者个性，她很容易陷入自己的思维，对别人关注较少，即使访谈者设法引导她回到问题和思路上，她在回答问题时又不自觉地回到她做教育、开幼儿园的事情中。根据孩子的个性特点，她有针对性地调整教养方式，说明她有教育的专业素养，也了解孩子的成长规律和各个发展阶段的任务，有科学教养的意识，但教养实践中容易陷入书本和理论。这可能就是常看到的一类父母——学术为尊，“按书索骥”。当看到她家孩子时，笔者发现孩子很内向且不善表现，也不太喜欢交流，更多的是靠着母亲。这种“开心式”教养方式的表现和结果，与愉快教育和快乐教育有着显著差距。

在实际父母教养中，理念和教养行为不能合一的现象确实很多。在访谈中，笔者同样遇到了一位崇尚自由和快乐的父母，但是她的教养行为中更多是对孩子自身能力的不信任。“孩子挺暖心的，但嘴巴比较笨”“孩子很内向，但有时也很淘气”“对不熟悉的人不爱说话，但是对熟人，也爱说”“我们很尊重孩子，但是也不能完全尊重吧”“不会很宠溺，但也会尊重”“我们也支持他玩滑板，陪着他，但我们也怕他受伤”“想学滑板，但学习上有点磨叽”“孩子是比较有责任心的这种参与者，但是我觉得没有领导气场引领的那种影响力”……通过母亲的话语表达，可以看出这位母亲明显不信任孩子，觉得孩子不好、不行，自己担心，又没有方法。“他看的书很多，作文却写不好，也不太会写”“我是美术老师，但孩子对手抄报作业很苦恼，他对绘画不擅长也不感兴趣”……从这些表达中，能够看到这位母亲对孩子的评价风格和体系。这种消极的语言模式，对改善和养成儿童良好行为习惯和促进社会情感发展无法取得正向作用。

所以，这位母亲在教养过程中，不敢放手、怕孩子做不好、担心孩子犯错误，多控制、多担心、多负向评价，对孩子充满了不信任，所以她替孩子着急。包办、少温暖关怀和低自主性是这位母亲的教养特点。这位母亲还说，有时候她也会感到很暖心，也能感觉到孩子的好，但每夸奖一句后一定加一句否定的或担心的词句。这位母亲没有老人帮忙，一个人带孩子，连孩子看病都要自己去。她之所以自己带孩子，是因为怕老人照顾不好，但是自己带又没有精力。“我们拒绝老人带，我不给他们发言权，因为他们不了解孩子。老人也想得开，要过自己的养老生活。其实，我觉得孩子是有一些问题，可能是上幼儿园太早导致的。另外，我觉得孩子是个暖男，但也会把我气够呛。陪他挺累的，我偶尔会大爆发。”这说明这位母亲情绪控制和调节不太好。作为老师的她认为，老师的孩子一定得学习好，所以在学习上要求比较严格，但是她精力不足、陪伴不够，所以她在学业上期待越高，孩子的表现越不尽如人意。同时，她开始怀疑教师这一职业，认为这个职业挤压了太多时间，所以没有更多的时间陪伴孩子。职业和家庭原因使她经常情绪崩溃，也会把情绪发泄在孩子身上，继而是对孩子的愧疚，然后又向孩子道歉，如此恶性循环。她很苦恼，不知道怎样才能让孩子更好地学习和生活。

研究者认为，尊重是尊重儿童的生命个体，也尊重儿童的个性发展。关心是悉心照料，是在关心儿童身心健康的同时，也关注儿童的未来成长，能够及时感受儿童需要，又能对儿童需要做出反应，适时、适度地做出应答。在家庭教育中也同样如此，父母的敏感性和反应性，是父母在教养过程中胜任力的具体表现。

2. 教学相长式：亲子共生教养理念

访谈中有一个一年级的女孩，她被班主任标注的社会情感能力水平是A。见到女孩后，她的各方面能力确实深深打动了在场的每个人。首先，是女孩迎接的来访者，她带着大家穿过甬路来到她家，进门后她母亲接待了大家。女孩随即进入厨房端来自榨果汁，之后又端来酸奶干果招待大家，然后坐在母亲旁边倾听谈话。女孩的家庭是四口之家，哥哥已经参加工作，母亲在40岁时有了她，并辞职做了全职母亲，希望更好地陪伴她的成长。在女孩学龄前，母亲便带着她前往全国各地旅游，陪着她运动，也特别注意锻炼她的独立性，从小就教她自己的事情自己做。上学后，开始培养她的阅读习惯。女孩的房间非常整洁，学习用具分门别类，摆放很整齐。母亲说，这些事情自从上学后都由她自己做，开始偶尔需要督促，但是现在已经完全可以独立完成了。书桌上放着一本《小学生古诗词 365 首》，看上去已经被翻了很多遍，还有的折了页。母亲说，她从上学开始每天早晨就用梳头的时间背诗，年复一年，早把这本书背完了。女孩还现场进行了展示。不管翻到哪一页，女孩都回答得非常流利。不仅如此，默写也是内容正确、书写工整。母亲说，她不仅坚持背诵，还自学数学的乘除法，坚持背乘除法口诀，自己每天按规定时间阅读，主动性很强。这个案例，让来访者对儿童社会情感发展的水平有了一种全新的认识，对父母教养行为对儿童的影响也有了一个全新的定位。这次访谈探索了儿童社会情感发展的一些概念和事实，在家庭的情境下了解了一个一年级孩子的情感发展。

如果概括这位母亲的教养行为的话，那就是在孩子的成长过程中，陪伴与关怀成为孩子成长的强大动力，期待和支持成为孩子好的习惯养成与品格形成的根基，自主空间让孩子学会对自己负责、对事情负责。这位母亲说："我陪伴着女儿成长，同时女儿也在陪着我成长；女儿在慢慢长大，我虽在变老，但我看到了我作为母亲的价值和意义。我们在彼此陪伴、彼此教育中共同成长。"这种教学相长式的教养模式，使得父母的付出成了一个完善生命的过程，不再只是辛苦，更多的是收获和成长的幸福。所以，每一个"学习"的父母，不仅能成就一个"学习"的孩子，同样也能成就自己完满的人生。

3. 直升机式：过度期望教养特征

还有一类直升机式的教养方式。采用这类教养方式的大多是"北漂"一族，他们自己通过学习改变了命运，并取得了一定的成就或者积累了一定的财富。他们的经历和经验都使他们坚定了一个信念——高学历才是未来的敲门砖，是未来美好生活的保证。所以，这类父母忽视了孩子成长和发展的需要，更多地关注孩子的学业成绩，对孩子的智力发展和学业水平抱有很高的期待。为了实现自己的期待，让孩子能够更好地适应未来的竞争，他们会直接干预孩子的现在和未来，对孩子指指点点，给孩子报很多辅导班，造成孩子超负荷的负担，极大影响儿童的身心健康。

在访谈中，有一个六年级学生，因为被医生诊断为压力过大，轻度抑郁，一直在家养"病"。这个学生曾是老师眼里的天才，同学口中的神童。9 岁时，他就能写出上千字的文章，行文流畅，富于思考，词语运用和古文诗句引用都能够恰到好处。阅读文章后，他总有能够超出同龄人甚至说出大人都意想不到的见解。他的记忆力很强，小时候喜欢坐地铁，一圈圈地坐，一条线路一条线路地坐，回到家就能一站不落地画出北京的地铁线路图。他还是一个"路神"，能够画出中国地图上自己去过的所有地方、所有路线，无论去哪里，他都是活导航。他特别喜欢地理，每当闲下来，他都会静静地拿出地图凝视很久——看着中国地图能够记得省市之间的高铁线路，并提出新增高铁线路的方案；看着世界地图，能够提出解决马六甲海峡"生命线"问题的方案。他被老师和同学们称为数学天才，数学成绩总是最高分，奥数级别远远高于同龄的孩子，他总是能提出别人想不到的思路和想法。他很擅长作曲，歌曲听过一遍，就能够把曲子记下来，他还根据自己的理解编配和设计了校歌，经过艺术构思而形成了有旋律和节奏的和谐曲目，以此表达一个学生对学校的热爱。

回顾这个孩子的成长经历，不难发现他的惊人表现和才能的背后，是大量的精力和财力的付出。据孩子的父母和家人描述，孩子从一年级就开始学奥数、合唱团，而且都是北京顶级水平的班，每星期上两次课。除此之外，还有英语、音基、钢琴、声乐、作文课，最紧张的时候孩子中午都得去上课。尤其是四年级上学期，奥数到了最难的阶段，因为题太难，他经常做到晚上十一二点，孩子的压力很大，几乎承受不了。到了五年级，提前考取人大附中的目标成为压倒孩子的最后一根稻草。孩子一边要应对大量的补习班，一边要面临考入重点初中的压力，慢慢地，他就开始发脾气……最终被医院诊断为抑郁，只能休学在家。

从这个孩子的行为表现来看，其父母更多关注的是他的学业，忽视甚至缺少对他行为上的指导和教育，也忽视了他在成长过程中的发展需求。他不知道如何控制情绪，不懂如何与同学交往，他用自己喜欢的方式表达和发泄，不管是否合适。这个孩子看似是一个特例，但是这样的孩子越来越多，不会表达和控制情绪，不会与人交往，不能够正确认识和修正自己的行为，甚至是焦虑、抑郁、厌学、沉迷网络游戏等现象越来越严重，孩子的心理健康水平正在显著下降。

父母职责是给孩子提供最好的机会，让他们过上快乐、充实的生活。所有这一切最佳的起点是，父母要了解孩子成长和发展的过程中想要什么，他们需要从父母那里得到什么。而直升机式的教养方式，使得功利性的教育压制了儿童的天赋和兴趣，阻碍了儿童的成长和发展。

4. 散养式：摆脱父母责任的挡箭牌

这种教养方式与传统的放任型教养方式相似，其大多存在于当地人的家庭，或者一些以祖辈为主、父母教养为辅的联合家庭。这类家庭的部分父母对孩子期望不高，要求不多，只要快乐就好。“快乐”是访谈中所有家庭都关注的一个词，也是父母对孩子未来的一个期望。但是，“快乐”在每一位父亲或者母亲的字典里，意义都有所不同。所以，提高对快乐的认知，理解快乐的教育内涵，才是调整和修正教养行为的第一步。这部分内容后续还会涉及，此处不再赘述。

从访谈中发现，父母越来越重视孩子的教育，越来越重视孩子的健康和安全，但是父母的工作占用时间越长，陪伴孩子的时间越少，就越少参与孩子的教养。因此，只能“让位”于隔代教养或空闲时间相对较多的父母一方，或者寄希望于他人。比如，学校或者课外班的老师、家教、保姆等。父母教养中更注重学习，大多数父母在学习中会批评孩子。父母能够看到在孩子年龄较小时培养良好学习习惯的重要性，但限于时间和方法错误，部分父母并未在孩子小时候帮助孩子打下基础，因此在孩子学习习惯培养方面就产生了较大的困扰。

在访谈中，也能看到部分家庭父母角色定位准确，分工明确。在家庭教养方式一致的前提下，很多家庭都相对民主。民主的原则是家庭教养方式以孩子的健康成长为前提。这样的家庭以权威型教养方式为主。主张权威型教养方式的家庭，父母投入都较多，一般主张亲子关系平等融洽，夫妻教育分工明确：父亲负责生活习惯、时间和效率上的指导和教育，母亲负责学习；父亲负责陪孩子玩耍和运动，母亲负责与学校和老师进行沟通，关注学习和课程；父亲更注重孩子健康，母亲更注重学习和进步；父亲希望给孩子更多的时间和空间，让孩子自由成长；母亲严格关注学习上的进步和升学。可见，权威型家庭父母的关注点不同，但最终都是为了孩子的成长和发展。有时候，母亲在教育上会失去耐心，情绪上有所波动，这时父亲就会及时补位，平复母亲情绪，耐心教导孩子。

总之，随着社会发展和父母自我认知水平的提升，现代父母的教育理念已逐步从传统模式向儿童全面发展视角转变，愈发关注孩子的生命成长、兴趣培养及情绪发展。在此背景下，父母教养方式整体呈现出以温暖/关爱为主导、冷漠/拒绝行为显著减少的积极趋势。需注意的是，部分父母虽已接受进步教育理念，但实际教养行为仍存在滞后性，暴露出“认知与实践脱节”的问题。这种现象提示社会需进一步关注家庭教育质量，通过资源支持、专业指导等方式推动理念向行动的转化，助力父母实现科学育儿的目标。

第三节 中国式隔代教养方式的类型及其特征

隔代教养方式的类型不仅映射了代际权力结构的动态博弈，更深刻揭示了传统家庭伦理与现代教育理念的碰撞边界。研究发现，中国家庭中祖辈参与教养的实践路径呈现显著的本土化特征，本节将聚焦权威型、溺爱型与妥协型三种典型形态，通过解构代际作用路径，分析和揭示传统孝道伦理、现代核心家庭理念与儿童本位教育观之间的复杂协商过程，进而阐释中国式隔代教养的独特实践逻辑。

一、父母教养方式和隔代教养方式“温暖”维度得分最高

基于教养方式的代际特征比较，研究通过关爱/温暖、忽视/拒绝、过度保护、自主性四维测量框架，对父母教养方式与隔代教养方式进行了量化分析。结果显示，父母教养方式和隔代教养方式的关爱/温暖维度得分最高，这一结论与质性研究结果一致，也与相关研究结果一致。温暖鼓励型祖辈最多，专制溺爱型祖辈次之，忽视型祖辈最少。这也能看出，中国的隔代教养更偏向温暖和关怀，更关注孩子的情感需求。隔代教养家庭主要教养人的教养方式的共同特点更偏向情感温暖型，可能是因为社会在发展，祖辈和父辈的文化水平都有所提高，无论是谁作为主要教养人，都能够采取民主的方式进行教育，也能够更加关注孩子的情感需求，给予孩子更多的爱[①]。

近年来，北京市通过出台家庭教育系列文件、推进家校合作组织建设、

①赵玲玲，周宇琦，陈传锋．隔代教养家庭祖辈教养方式研究[J]．宁波教育学院学报，2023，25(2)：33-39．

开发网上父母学校、开展系列教育活动等措施，为儿童健康成长营造了有利的教育环境和生态，指导父母提升教育理念和方法，父母在教育上更注重孩子的全面发展，更倾向于以温暖、关怀的方式对待儿童。

父辈和祖辈的教养行为，表现在各个方面：态度上，“温和”“慈祥”“满足孩子的合理要求”；生活中，“照顾”“陪伴”“父母会关心关注孩子学习”“姥姥也会关心鼓励孩子”。当孩子遇到事情求助父辈或者祖辈的时候，都会“帮助孩子一起解决问题”。因此，作为儿童的早期照顾者，父辈或者祖辈给予的温暖和关怀最多。

二、父母教养方式和隔代教养方式与是否为本地家庭、父亲工作单位、母亲工作单位无显著相关，与家庭居住区域存在显著差异

研究表明，父母教养方式和隔代教养方式与是否为本地家庭无显著相关。这可能是因为个人行为源于个人的需要，需要是人类行为的动力[①]。父母教养方式和隔代教养方式受教育理念、教育目标、区域文化、教养偏向等多方面影响，与是否本地家庭(户口)无关。

父母教养方式和隔代教养方式与家庭居住区域存在显著相关。城区家庭中，父辈过度保护、祖辈过度保护显著高于城郊和乡镇家庭；城区家庭中，父辈自主性、祖辈自主性显著低于城郊和乡镇家庭。张文新(1997)的研究发现，父母教养方式在城乡之间存在显著差异。城市的父亲更能关怀孩子，给予孩子温暖和理解，但也会使用惩罚，拒绝或否认孩子；城市的母亲对孩子的保护、干涉、拒绝都多于农村的母亲。这一现象可能与家庭结构、父母压力、婚姻关系、父母社交网络及社会文化等多重因素有关，且父母教养方

①彭华民. 人类行为与社会环境[M]. 北京：高等教育出版社，2011.

式和隔代教养方式会因家庭社会地位的不同而有所差异。如果用布尔迪厄的两个关键概念“惯习”和“场域”来理解，父母教养方式和隔代教养方式就是积淀在父母与祖辈身体内的一系列性情倾向系统，是一种教育行动的意向，并不断对场域的要求做出回应。所以，可以理解为父母教养方式和隔代教养方式与区域存在关系性关联。

以往研究认为（安妮特·拉鲁，2009），家庭生活和社会阶级背景具有强大而持久的影响力。中产阶级家庭的文化惯习，如教养孩子的方式，与社会上重要机构的标准和期望（游戏规则）极为接近。安妮特·拉鲁（2009）在《不平等的童年》一书中提到，父母的社会地位系统性地影响着孩子的人生经历和取得的成就，不同社会地位的家庭给孩子的日常生活带来重大差异。因此，城区家庭的经济条件、教育资源都要好于城郊和乡镇家庭，父母教养方式和隔代教养方式受家庭经济地位的影响。

值得注意的是，有研究认为[①]，城市父亲的教养投入水平高于乡镇父亲（伍新春等，2014）。这种投入不仅是教育资金的投入，还有情感投入，很多家庭已经意识到父亲在孩子成长过程中的重要作用，父亲在工作之余，愿意参与儿童成长。有研究也表明，父母在社会结构中所处的位置，对其子女的人生机会有深远影响。比如，在上学前班之前，受过高等教育父母的孩子更有可能在学习技能上表现突出，他们已经做好了“教育准备”，像熟记字母表、认识各种颜色、从一数到二十、会写自己名字。在他们的整个学业中，受过高等教育母亲的孩子一直比受教育程度不高母亲的孩子成绩好。访谈中也能够看到一些家庭的父母角色定位准确，分工明确，在家庭教养方式一致的前提下，很多家庭都相对民主。

---

①伍新春，陈玲玲，刘畅，等. 中国父亲教养投入的特点及其相关影响因素[J]. 华南师范大学学报，2014(6)：88-95.

三、三种典型的中国式隔代教养方式

在量化研究部分，依据关怀、拒绝、过度保护、自主性四个维度，把隔代教养方式分为16种类型。然后，对16种类型中的高关怀维度的八种类型进行取舍，舍弃关怀和拒绝的矛盾维度，初步得出了隔代教养方式的四种主要类型：高关怀、低拒绝、低过度保护、高自主性；高关怀、低拒绝、高过度保护、低自主性；低关怀、高拒绝、低过度保护、高自主性；低关怀、高拒绝、高过度保护、低自主性。

在此基础上，参考四种成人控制类型——专制型、放任型、拒绝否定型和权威型（Baumrind，1967，1973，1991；Maccoby等，1983），本书对祖辈和父辈在家庭教养中的方式及感受做了初步的描述和探讨，并一一对应量化研究中的关爱、过度保护、自主性维度，归纳分析得出当下典型的三种隔代教养方式类型（因拒绝/冷漠维度在隔代教养方式中很少，本书对以拒绝/冷漠维度为主要特征的教养方式不做详细阐述），如图3-1所示。

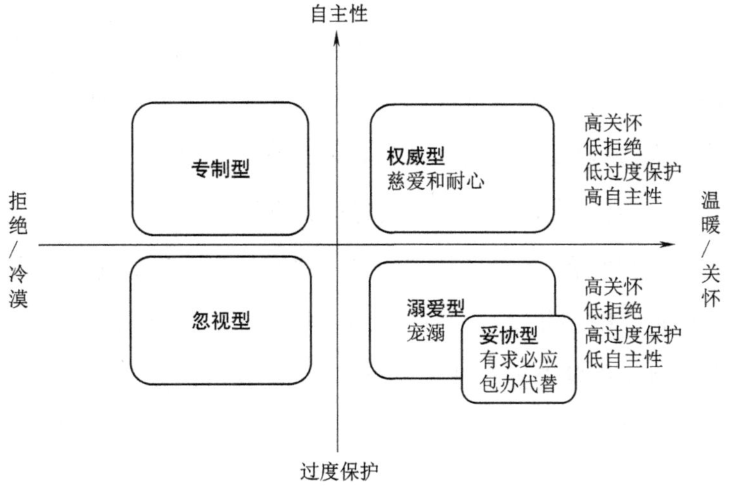

图3-1　中国式隔代教养方式的主要类型

第一种类型是以慈爱和耐心为核心特征的慈爱耐心型，高关怀、低拒绝、低过度保护、高自主性，称为权威型教养方式。这种类型以慈爱和耐心为主要特征，祖辈对孙辈慈祥、充满着怜爱，宽严有度，不溺爱、不苛刻。他们在陪伴孙辈过程中关注其需要，又能适时地明确对孙辈的期待，确立标准，孙辈犯错误时能够耐心地指导和教育。鼓励和培养孙辈独立生活能力、创新能力，引导孙辈积极解决问题与困难，以此帮助孙辈能够更好地适应社会和人际，提升他们的社会情感能力。

第二种类型是以宠溺为前提的过度保护，称为溺爱型或者放任型，高关怀、低拒绝、高过度保护、低自主性，这种类型的最主要特征就是宠溺和过度保护，祖辈给孙辈的成长范围很小，以爱的名义控制和限制孙辈，也称为过度保护型或者宠溺型。其有专制型教养方式的高控制的特点，也有放任型的高关注、少交流的特点。祖辈的教养目的是“照顾好孙子就是最高标准，只要照顾周全，别出事，就是最好的”。一方面是宠溺孙辈，另一方面是好跟子女交代。所以，他们日常几乎不让孙辈做任何事情、担任何责任，也很少关注促进孙辈成长。

第三种类型是妥协型，虽仍具有高关怀、低拒绝、高过度保护、低自主性的特点，但研究认为这种类型更偏向于从祖孙关系及互动的角度去理解和解释教养行为，是典型的中国式教养方式类型。妥协型教养方式强调儿童不行、不能、不会、不懂，以包办代替、有求必应的方式“供养”儿童，不考虑儿童自身的成长和发展。当遇到冲突和争执的时候，一般就是遵循儿童的一切想法和要求。即使儿童行为有失恰当，也视而不见，或者一笑了之。祖辈在教养孙辈过程中甚至把自己定位为“仆人”，任劳任怨、不求回报。妥协是需要投入精力和爱的，只是祖辈忽视孙辈的发展和成长，不使用任何促进行为的成长策略。

三种典型的隔代教养方式，既有以往研究放任型教养方式的特点①②③，认为溺爱是祖辈和孙辈的权利之一；又有中国式隔代教养的特色，宠溺和妥协是当前中国最典型的隔代教养方式，具体如图 3-2 所示。

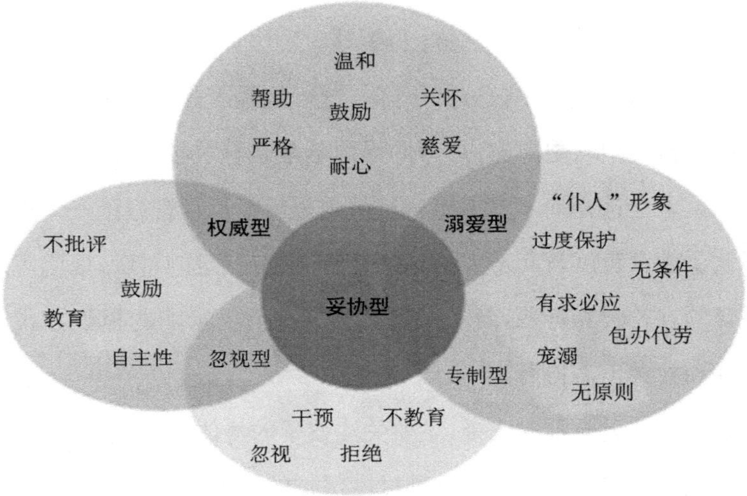

图 3-2　隔代教养方式类型及特征

四、中国式隔代教养方式的特征分析

在以往关于隔代教养方式类型的研究中，问卷调查和访谈法是主要方法。本书采用混合研究方法，从不同视角分析祖辈养育行为，实现互证检

①ROBERTSON J F. Grandmotherhood：A study of role conceptions[J]. Journal of marriage and the family，1977，39(1)：165-174.

②BERNICE L NEUGARTEN，KAROL K WEINSTEIN. The changing American grandparent [J]. Journal of marriage and family，1964，26(2)：199-204.

③卢乐珍. 隔代教育的利与弊(二)：四种隔代教育类型的对比分析[J]. 家庭教育，2004(10)：9-11.

验，使研究更具科学性。

如果说宠溺是一种教养态度，主要体现情感在教养行为上的过度表现。而妥协更倾向于祖辈、父辈、孙辈的关系。这种妥协关系导致了无微不至的照顾和包办代替，以及祖辈的有求必应。宠溺是以爱为核心，但是这种爱缺少理性，更缺少对儿童成长的关注和指导。妥协一方面是因为爱，另一方面也说明祖辈在家庭生活中权威的下降。这可能是因为祖辈害怕得罪子女或孙辈，因此选择让步，更愿意以一种“无微不至”“有求必应”的方式表达对孙辈的爱。或者会选择向子女抱怨、投诉，希望后者可以管教孩子。也可能是因为祖辈受教育程度较高于乡村，对教养方式有一定的了解，更愿意以一种温暖关怀的方式教养孙辈，而非采用对孙辈有消极影响的拒绝方式，然而，爱的理性和方式仍需提高。

宠溺是一种无原则的宠爱，主要关注孩子的身体健康和物质需求，忽视孩子的心理健康和精神成长。这种过度保护的教养方式在中国非常广泛和典型，部分原因是对中国血脉相连的“隔代亲”的误读。朱永新（2020）①认为，“隔代亲”是中国文化教养的基础，体现了血缘关系的紧密性。由于重视血缘与家庭，大部分家庭都是高度紧密的，以血缘为纽带结成的不仅是一种更牢固更可靠的家庭关系，而且是家庭成员之间一种相互扶助、相濡以沫、休戚相关的关系。在中国，为尽显亲近，人与人之间都在向血缘关系靠拢。这一特征就成为中国“隔代亲”这一独特社会现象的根源。因为血缘，祖辈把孙辈看成自己血脉的传承，是生命的延续与对生的愿望的表达，所以对孙辈会倍加呵护，导致溺爱成为“隔代亲”解不开的情结，变得理所应当。

宠溺弱化了祖辈的权威，削弱了儿童情感发展的动力。随着社会发展

①朱永新．新家庭教育论纲：新教育在家庭教育上的探索与思考[M]．长沙：湖南教育出版社，2020.

与家庭结构的改变，祖辈与父辈的爱全部集中在一个或两个孩子身上，集中呵护和过分关注使溺爱成为这些三代家庭最鲜明的特征。父辈没有系统学习过家庭教育的方法，虽然很爱孩子，却不懂怎么爱。祖辈通常认为，给予奖励是一种隐含的祖辈—孙辈的社会契约，满足孩子的欲望和要求是表达祖辈爱的行为。他们会“屈服”于孙辈的食物偏好，利用给孙辈提供喜爱的食物和零食来表达对孙辈的宠爱[①]。特别是独生子女政策下，祖辈通常溺爱唯一的孙辈，满足孙辈的任何要求，对孙辈无微不至、包办代替、有求必应。这种教养方式实际上是对儿童拥有的生存、发展权利的剥夺，缺少对儿童生命本身的认识和尊重，是看上去无私却自私的控制。甘当孩子“仆人”的无私与不惜一切爱孩子的自私，这种不理智的爱让孩子失去了生活能力，更失去了情感发展的动力。

因此，宠溺是一份超越底线的宠爱，看上去“言听计从”“百依百顺”，实际上却让孩子陷入成长的“陷阱”，任由其发展，成为成长的桎梏。正如司马光所说：“为人母者，不患不慈，患于知爱而不知教也”“爱而不教，使沦于不肖，陷于大恶，入于刑辟，归于乱亡，非他人败也，母败之也”。

朱永新(2020)认为，中国有着重视家庭重视血缘关系、有着尊老爱幼的家族内部互相帮助的传统，它是一种重要的依恋关系，祖辈和孙辈是相互补充、互相吸引的两个生命。所以，教养者唯有统一儿童观、发展观，让父辈与祖辈真正思考儿童发展的问题，以科学的方法教养儿童，才有可能解决这些冲突和矛盾。

“妥协”是一个本土化的概念，指的是在冲突双方无法取得完全满意的情况下，通过折中的方式达成相对满意的协议。妥协在其他领域中是一种

①YOUNG K G, DUNCANSON K, BURROWS T. Influence of grandparents on the dietary intake of their 2-12 years old grandchildren: A systematic review[J]. Nutrition & Dietetics: Journal of the dietitians association of Australia, 2018, 75(3): 291-306.

折中方式，旨在实现共赢，使所有参与方受益。但在教养方式研究中，妥协更多地被看作祖辈、父辈和孙辈之间的互动关系，通过折中方式化解冲突，实现教养的和谐。然而，这种和谐并不一定是最佳或最满意的，也不一定有利于儿童的成长。妥协型教养方式下，孙辈虽在被呵护和照顾中成长，但可能表现出对祖辈付出的不满。祖辈过度溺爱和保护，缺乏教育和指导，导致孙辈无法认识和理解自己行为对他人的影响，也无法进行反思和修正。祖孙关系在这种教养方式下可能转变为“雇佣关系”，祖辈成为过度溺爱和服务的“仆人”，导致孙辈对祖辈的态度无理、蔑视和肆意妄为。这种不健康的妥协关系可能影响儿童的情感和品质发展，使其不懂得尊重和感恩。

妥协型教养方式是当今的典型代表，可能与隔代教养家庭中祖辈与父辈的教养角色分工不明确有关。面对可能引发祖孙或亲子冲突的“地带”，祖辈和父辈可能都不知道如何选择合适的管束方法。此外，对祖辈而言，照顾孙辈可能是一项沉重负担，导致他们更倾向于选择妥协来获得短暂的安静与和谐。理想的祖孙三代妥协关系应以尊敬为基础，尊老爱幼为前提，相互尊重、厚道、包容，关心、帮助彼此。然而，访谈中揭示的妥协型教养方式往往缺乏原则、底线和教育，导致祖辈、父辈和孙辈之间的关系大多处于妥协状态。这种不恰当的妥协可能对儿童造成伤害，因为家庭冲突也会波及儿童，影响他们的情感和社会关系。

事实上，家庭中恰当的妥协有利于环境和谐。如果父母采取关爱教育，及时解决孩子的问题，并强调多边和谐，家庭成员之间的协商能力会提高，更容易形成妥协关系。家庭成员间的沟通和协调能力对于妥协关系的形成至关重要。友好的家庭环境有助于妥协关系的形成，而严苛的家庭环境则可能阻碍妥协关系的建立。

需要强调的是，“妥协式隔代教养”这个概念，揭示了中国家庭代际关系的结构性转型——祖辈权威弱化与经济地位主导的教养权分配（如高经济地位祖辈主导教养决策，弱势祖辈退居“服务型角色”）。祖辈通过宠溺、放任等行为换取家庭表面和谐，本质是代际冲突规避策略，反映了传统父母制向“经济—情感交换型”代际关系的嬗变。

在分析和讨论父母教养方式和隔代教养方式中，值得深思的是，在祖辈、父辈与孙辈的关系中，父辈在教养中更注重学习。大多数父辈更多在学习中批评孩子，而祖辈多在生活习惯上批评孙辈。父辈能够看到在孩子年龄较小时培养良好学习习惯的重要性，但由于时间和方法上的问题，部分父辈没能在孩子小时候为其打下基础，因此会在孩子学习习惯培养方面产生较大的困扰。在孩子独立性的培养方面，父辈对孩子独立性的培养要高于祖辈对孩子独立性的培养。这可能是父辈工作较忙，有意识地提高孩子的独立性，在孩子进入中高年级后可以减少精力投入，同时也不影响孩子的身心发展。在孩子的自主性方面，虽然大部分父辈和祖辈都会给孩子自主选择的权利，但程度上各不相同。社会情感能力高的孩子，父辈给予的自主权利更多；而社会情感能力相对较低的孩子，父辈给予的自主权利也相对较少。

第四章

儿童社会情感发展水平

儿童社会情感发展水平不仅是衡量个体社会化进程的核心标尺，更是解码代际互动效能的关键切口。在家庭结构变迁与教育责任代际转移的背景下，社会情感能力（如情绪调节、人际共情与目标韧性）的培育已超越个体心理范畴，成为关乎代际资源整合与文化适应力的系统性命题。本章将通过量化分析与质性个案的双重视角，揭示儿童社会情感能力的内在结构，进而为破解“代际协同困境”与“情感教育断层化”提供实证依据。

第一节　儿童社会情感能力的水平及差异分析

在厘清隔代教养方式类型及其特征的基础上，进一步研究不同教养模式对儿童社会情感能力的具体影响，需回归到儿童发展的核心维度——社会情感能力的水平分异及特征。本节将基于生态系统理论框架，结合量化数据与质性案例，系统呈现隔代教养家庭中儿童社会情感能力的整体水平和群体差异，进而为揭示代际协同养育实践对儿童社会化的深层塑造逻辑提供依据。

一、学生社会情感能力总体水平

对儿童社会情感能力自我报告和父母报告的得分进行描述性统计，结果发现，儿童社会情感能力及其各维度的平均分均超过“一般”(即得分为2)的水平，说明儿童社会情感能力及五维度的发展情况良好。

在学生报告中，负责任决策的得分最高，人际交往技能、自我认知、社会认知、自我管理的得分依次递减，其中自我管理的得分最低，表明儿童自我管理方面的能力比较弱。

在父母报告中，负责任决策和人际交往技能的得分最高，社会认知、自我认知、自我管理的得分依次递减，其中自我管理的得分最低。

在教师报告中，社会认知得分最高，负责任决策、人际交往技能、总体社会情感能力、自我认知、自我管理的得分依次递减，其中自我管理得分最低。

父母报告的得分普遍低于学生报告的得分，表明学生对自己社会情感能力的评价要比父母评价高；教师报告的自我认知、自我管理、总体社会情感能力得分在学生报告得分和父母报告得分之间，教师报告的社会认知高于学生报告和父母报告，教师报告的人际交往和负责任决策得分低于学生报告和父母报告。

二、不同群体学生社会情感能力差异分析

1. 性别与年级差异

对儿童社会情感能力进行性别差异 t 检验（见表 4-1），结果发现，不同性别的儿童在学生报告的自我认知、社会认知、人际交往技能、总体社会情感能力上存在显著差异（$ps<0.05$），在父母报告的社会认知上存在显著的性别差异（$ps<0.05$），在教师报告的自我认知、自我管理、社会认知、负责任决策和总体社会情感能力存在显著性别差异（$ps<0.05$），女生得分显著高于男生得分。其他维度均不存在性别差异。

表 4-1　儿童社会情感能力的性别差异

样　本	维　度	性　别	人　数	均　值	标准差	t
学生报告	自我认知	男	391	3.36	0.45	−1.05*
		女	367	3.39	0.41	
	自我管理	男	391	3.22	0.52	−1.65
		女	367	3.28	0.49	
	社会认知	男	391	3.26	0.51	−2.72**
		女	367	3.35	0.43	
	人际交往技能	男	391	3.45	0.44	−1.51*
		女	367	3.50	0.40	

续上表

样　本	维　度	性　别	人　数	均　值	标准差	*t*
学生报告	负责任决策	男	391	3.49	0.43	−2.39
		女	367	3.56	0.41	
	总体社会情感能力	男	391	3.36	0.42	−1.99**
		女	367	3.42	0.37	
父母报告	自我认知	男	391	2.92	0.43	−2.55
		女	367	3.00	0.42	
	自我管理	男	391	2.86	0.45	−3.30
		女	367	2.97	0.45	
	社会认知	男	391	3.13	0.40	−2.02*
		女	367	3.19	0.43	
	人际交往技能	男	391	3.28	0.39	−1.42
		女	367	3.32	0.40	
	负责任决策	男	391	3.27	0.43	−1.74
		女	367	3.33	0.45	
	总体社会情感能力	男	391	3.14	0.36	−2.47
		女	367	3.21	0.37	
教师报告	自我认知	男	391	2.89	0.91	−5.97**
		女	367	3.28	0.79	
	自我管理	男	391	2.79	0.98	−6.39***
		女	367	3.29	0.81	
	社会认知	男	391	3.23	0.84	−4.12*
		女	367	3.44	0.69	
	人际交往技能	男	391	3.18	0.82	−3.43
		女	367	3.38	0.73	
	负责任决策	男	391	3.13	0.87	−5.36**
		女	367	3.45	0.71	
	总体社会情感能力	男	391	3.12	0.87	−4.50***
		女	367	3.41	0.69	

对儿童社会情感能力进行年级差异检验（见表4-2），结果发现，学生报告的自我认知、自我管理、人际交往、负责任决策和总体社会情感能力存在显著的年级差异（$ps<0.05$），父母报告的各维度都存在显著的年级差异。通过事后检验发现，在学生报告中，自我认知和社会认知维度，“三、四年级”得分最低；人际交往技能维度，“一、二年级”得分显著低于“三、四年级”，而“三、四年级”得分显著高于“五、六年级”。

在父母报告中，自我认知与自我管理维度，“三、四年级”得分显著高于“五、六年级”；社会认知维度，“三、四年级”显著低于“一、二年级”，而“一、二年级”又显著低于“五、六年级”；人际交往技能维度，“一、二年级”得分显著高于“三、四年级”，“三、四年级”高于“五、六年级”；负责任决策维度，“三、四年级”显著低于“一、二年级”和“五、六年级”。

在教师报告中，自我认知、社会认知、负责任决策和总体社会情感能力维度存在显著年级差异。通过事后检验可以发现，自我认知和负责任决策维度，“三、四年级”显著高于“一、二年级”和“五、六年级”；社会认知维度，“一、二年级”显著低于“三、四年级”和“五、六年级”；总体社会情感能力维度，“三、四年级”显著低于“五、六年级”。

表4-2　儿童社会情感能力的年级差异

样本	维度	级部	人数	均值	标准差	F
学生报告	自我认知	一、二年级	252	3.42	0.45	5.74^{**}
		三、四年级	126	3.26	0.43	
		五、六年级	380	3.39	0.42	
	自我管理	一、二年级	252	3.38	0.43	8.48^{***}
		三、四年级	126	3.23	0.53	
		五、六年级	380	3.10	0.51	
	社会认知	一、二年级	252	3.30	0.47	2.69
		三、四年级	126	3.24	0.50	
		五、六年级	380	3.33	0.51	

续上表

样　本	维　度	级　部	人　数	均　值	标准差	*F*
学生报告	人际交往技能	一、二年级	252	3.22	0.45	4.23*
		三、四年级	126	3.32	0.46	
		五、六年级	380	3.30	0.48	
	负责任决策	一、二年级	252	3.48	0.44	11.86***
		三、四年级	126	3.38	0.42	
		五、六年级	380	3.51	0.40	
	总体社会情感能力	一、二年级	252	3.48	0.42	6.75**
		三、四年级	126	3.49	0.45	
		五、六年级	380	3.39	0.39	
父母报告	自我认知	一、二年级	252	3.59	0.39	79.97***
		三、四年级	126	3.52	0.42	
		五、六年级	380	3.40	0.42	
	自我管理	一、二年级	252	3.28	0.38	22.96***
		三、四年级	126	3.43	0.37	
		五、六年级	380	3.39	0.39	
	社会认知	一、二年级	252	2.80	0.34	5.72**
		三、四年级	126	2.74	0.29	
		五、六年级	380	3.13	0.44	
	人际交往技能	一、二年级	252	2.96	0.43	13.05***
		三、四年级	126	2.82	0.47	
		五、六年级	380	2.77	0.34	
	负责任决策	一、二年级	252	3.02	0.45	10.11***
		三、四年级	126	2.91	0.46	
		五、六年级	380	3.17	0.40	
	总体社会情感能力	一、二年级	252	3.05	0.35	14.25***
		三、四年级	126	3.19	0.44	
		五、六年级	380	3.16	0.41	

续上表

样　本	维　度	级　部	人　数	均　值	标准差	*F*
教师报告	自我认知	一、二年级	252	3.02	0.83	6.83**
		三、四年级	126	3.34	0.79	
		五、六年级	380	3.03	0.91	
	自我管理	一、二年级	252	3.08	0.87	1.21
		三、四年级	126	3.00	0.86	
		五、六年级	380	3.15	0.90	
	社会认知	一、二年级	252	3.02	0.99	5.69**
		三、四年级	126	3.03	0.94	
		五、六年级	380	3.39	0.72	
	人际交往技能	一、二年级	252	3.49	0.77	1.07
		三、四年级	126	3.24	0.81	
		五、六年级	380	3.33	0.78	
	负责任决策	一、二年级	252	3.24	0.81	6.05**
		三、四年级	126	3.38	0.75	
		五、六年级	380	3.27	0.78	
	总体社会情感能力	一、二年级	252	3.28	0.79	4.09*
		三、四年级	126	3.30	0.75	
		五、六年级	380	3.50	0.76	

2. 是否为本地家庭方面的差异

采用独立样本 t 检验，对社会情感能力的得分在是否为本地家庭方面的差异进行检验，见表 4-3。由表 4-3 可知，父母报告的自我认知、自我管理、社会认知、人际交往和总体社会情感能力的得分在是否为本地家庭方面存在显著差异（$ps<0.05$），非本地家庭得分显著高于本地家庭。但学生报告和教师报告的总体社会情感能力不存在显著差异。

表 4-3　社会情感能力在是否为本地家庭方面的差异比较

样　本	维　度	非本地家庭($M \pm SD$)	本地家庭($M \pm SD$)	t
学生报告	自我认知	3.38±0.43	3.38±0.44	−0.10
	自我管理	3.26±0.50	3.19±0.52	1.57
	社会认知	3.30±0.47	3.31±0.50	−0.05
	人际交往	3.49±0.41	3.44±0.44	1.50
	负责任决策	3.54±0.41	3.48±0.43	1.59
	总体社会情感能力	3.40±0.39	3.36±0.41	1.10
父母报告	自我认知	3.00±0.44	2.83±0.35	4.99***
	自我管理	2.94±0.47	2.84±0.40	2.48*
	社会认知	3.17±0.43	3.14±0.35	0.93***
	人际交往	3.32±0.41	3.24±0.36	2.26*
	负责任决策	3.32±0.45	3.23±0.41	2.51
	总体社会情感能力	3.20±0.38	3.12±0.32	2.38***
教师报告	自我认知	3.15±0.85	3.05±0.88	0.41
	自我管理	3.02±0.89	3.03±0.96	1.92
	社会认知	3.40±0.71	3.30±0.80	0.65
	人际交往	3.31±0.78	3.26±0.79	0.35
	负责任决策	3.41±0.75	3.24±0.83	−0.73
	总体社会情感能力	3.30±0.79	3.25±0.80	0.58

3. 在家庭居住区域方面的差异

采用单因素方差分析，对社会情感能力的得分在家庭居住区域方面的差异进行分析，见表 4-4。由表 4-4 可知，除学生报告和父母报告的社会认知之外，其他维度在家庭居住区域方面存在显著差异。通过事后检验可以发现，城区家庭学生和父母报告的自我认知、自我管理、人际交往、负责任决策显著低于城郊和乡镇。

教师报告的自我认知、自我管理、社会认知、负责任决策和总体社会情感能力存在显著差异，城区家庭得分显著高于城郊和乡镇。其他维度的得分在家庭居住区域方面皆无显著差异($ps>0.05$)。

表 4-4 社会情感能力在家庭居住区域方面的差异比较

样本	维度	城区($M \pm SD$)	城郊($M \pm SD$)	乡镇($M \pm SD$)	F
学生报告	自我认知	3.34±0.45	3.45±0.42	3.44±0.36	5.22**
	自我管理	3.17±0.52	3.35±0.46	3.38±0.43	13.29***
	社会认知	3.28±0.49	3.33±0.49	3.38±0.39	2.11
	人际交往	3.44±0.43	3.53±0.40	3.56±0.36	5.30**
	负责任决策	3.46±0.43	3.62±0.38	3.66±0.36	16.36***
	总体社会情感能力	3.35±0.41	3.46±0.38	3.49±0.31	8.97***
父母报告	自我认知	2.78±0.33	3.25±0.42	3.26±0.40	148.08***
	自我管理	2.81±0.44	3.07±0.42	3.10±0.44	34.70***
	社会认知	3.14±0.40	3.19±0.43	3.20±0.45	1.88
	人际交往	3.24±0.37	3.38±0.43	3.41±0.39	12.17***
	负责任决策	3.23±0.43	3.41±0.44	3.43±0.41	16.65***
	总体社会情感能力	3.12±0.35	3.27±0.39	3.29±0.37	16.82***
教师报告	自我认知	3.16±0.81	2.93±0.93	2.94±0.99	6.14**
	自我管理	3.12±0.86	2.89±1.03	2.88±1.08	5.46**
	社会认知	3.47±0.71	3.07±0.84	3.14±0.85	21.66***
	人际交往	3.33±0.77	3.21±0.80	3.15±0.83	2.97
	负责任决策	3.43±0.74	3.01±0.88	3.12±0.87	20.46***
	总体社会情感能力	3.36±0.76	3.11±0.81	3.06±0.87	10.57***

4. 在父亲工作单位方面的差异

采用单因素方差分析，对社会情感能力的得分在父亲工作单位方面的差异进行分析，见表 4-5。由表 4-5 可知，父母报告的社会认知在父亲工作单位方面存在显著差异。通过事后检验可以发现，父亲工作为个体/私营的社会认知高于企业单位和自由职业。其他维度的得分在父亲工作单位方面皆无显著差异($ps>0.05$)，学生报告和教师报告的得分在父亲工作单位方面皆无显著差异($ps>0.05$)。

表 4-5　社会情感能力在父亲工作单位方面的差异比较

样　本	维　度	事业单位 (M±SD)	企业单位 (M±SD)	个体/私营 (M±SD)	自由职业 (M±SD)	F
学生报告	自我认知	3.35±0.47	3.37±0.41	3.40±0.44	3.41±0.37	0.50
	自我管理	3.28±0.49	3.24±0.49	3.25±0.52	3.26±0.50	0.19
	社会认知	3.28±0.48	3.29±0.46	3.36±0.49	3.26±0.51	1.30
	人际交往	3.48±0.46	3.48±0.39	3.50±0.43	3.46±0.39	0.16
	负责任决策	3.51±0.44	3.54±0.39	3.52±0.42	3.58±0.40	0.45
	总体社会情感能力	3.39±0.42	3.39±0.37	3.41±0.41	3.40±0.36	0.16
父母报告	自我认知	2.94±0.46	2.98±0.40	2.99±0.43	3.02±0.44	0.71
	自我管理	2.95±0.47	2.91±0.44	2.94±0.48	2.83±0.47	1.13
	社会认知	3.18±0.40	3.12±0.40	3.24±0.41	3.07±0.47	3.98**
	人际交往	3.27±0.38	3.31±0.39	3.35±0.41	3.26±0.43	1.67
	负责任决策	3.32±0.45	3.29±0.44	3.33±0.43	3.25±0.46	0.70
	总体社会情感能力	3.18±0.38	3.17±0.35	3.23±0.38	3.13±0.39	1.32
教师报告	自我认知	3.13±0.85	3.03±0.91	3.16±0.83	2.95±0.89	1.47
	自我管理	3.13±0.93	2.96±0.94	3.14±0.92	2.96±1.00	1.95
	社会认知	3.41±0.78	3.26±0.84	3.39±0.71	3.25±0.76	1.99
	人际交往	3.27±0.76	3.24±0.86	3.32±0.72	3.26±0.74	0.42
	负责任决策	3.35±0.85	3.20±0.86	3.37±0.74	3.27±0.76	2.15
	总体社会情感能力	3.25±0.82	3.24±0.83	3.32±0.77	3.21±0.73	0.48

5. 在母亲工作单位方面的差异

采用单因素方差分析，对社会情感能力的得分在母亲工作单位方面的差异进行分析，见表 4-6。由表 4-6 可知，父母报告自我认知的得分在母亲工作单位方面存在显著差异，事业单位显著低于企业单位。但学生报告和教师报告的得分在母亲工作单位方面不存在显著差异。

表 4-6　社会情感能力在母亲工作单位方面的差异比较

样　本	维　度	事业单位 ($M \pm SD$)	企业单位 ($M \pm SD$)	个体/私营 ($M \pm SD$)	自由职业 ($M \pm SD$)	F
学生报告	自我认知	3.35±0.42	3.4±0.42	3.41±0.46	3.34±0.43	0.92
	自我管理	3.22±0.50	3.29±0.50	3.28±0.49	3.22±0.49	0.89
	社会认知	3.28±0.47	3.33±0.48	3.33±0.47	3.28±0.48	0.47
	人际交往	3.47±0.43	3.51±0.41	3.51±0.42	3.41±0.38	1.80
	负责任决策	3.49±0.41	3.56±0.40	3.57±0.41	3.51±0.41	1.66
	总体社会情感能力	3.37±0.40	3.42±0.39	3.43±0.39	3.35±0.38	1.35
父母报告	自我认知	2.89±0.42	3.05±0.43	2.97±0.42	2.99±0.43	6.33***
	自我管理	2.90±0.46	2.96±0.45	2.88±0.48	2.93±0.47	1.20
	社会认知	3.16±0.41	3.18±0.42	3.15±0.41	3.16±0.41	0.14
	人际交往	3.26±0.41	3.35±0.39	3.30±0.38	3.30±0.39	2.10
	负责任决策	3.27±0.45	3.34±0.45	3.31±0.43	3.30±0.42	1.22
	总体社会情感能力	3.16±0.38	3.22±0.36	3.17±0.36	3.18±0.37	1.34
教师报告	自我认知	3.14±0.85	3.07±0.87	3.05±0.86	3.04±0.96	0.48
	自我管理	3.12±0.90	3.01±0.95	3.02±0.93	3.02±1.00	0.61
	社会认知	3.40±0.79	3.27±0.84	3.32±0.69	3.32±0.76	0.96
	人际交往	3.32±0.76	3.31±0.76	3.27±0.79	3.07±0.90	2.45
	负责任决策	3.36±0.78	3.22±0.87	3.34±0.71	3.22±0.90	1.48
	总体社会情感能力	3.29±0.79	3.30±0.81	3.26±0.76	3.09±0.88	1.76

第二节　儿童社会情感发展特征

质性研究的价值在于，通过直面儿童的主体性表达、祖辈的教养叙事以及家庭日常互动细节，还原社会情感能力在具体家庭生态中的生成逻辑与矛盾张力。本节将依托深度访谈、参与式观察与文本分析，聚焦儿童社会情感各维度，通过“深描”学校、家庭互动中的沉默、矛盾与协商，揭示各种情境下儿童社会情感发展的非均质化路径及其背后的结构性制约，为理解政策理想与现实实践之间的鸿沟提供具象化注脚。

一、儿童社会情感发展特征分析

从发展心理学的角度看，认知包括对个体的认知、对两个人的关系的认知和对群体与社会系统的认知。对个体的独特性的认知，称为自我认知。对两个人的关系的认知和对群体与社会系统的认知，称为社会认知。

1.“我是谁”“我能行”——自我认知

儿童社会情感发展的一个重要特征就是自我认知能力。对于自我认知能力，可以归纳为以下三点。

(1)“我是谁”“我应该如何看待自己”“我的感受是怎样的”

这是个体对自己的感受、对个体独特性和差异性的认识和接纳，是建立健康积极的自我形象的基础。心理学上称为自我认同，是积极认知的基本特征。

(2)“我能行”“我可以做得更好”

个体能够感觉自己的能力，并相信自己能够掌握和胜任更多的知识和技能，自信、主动、有自己的想法和见解，并拥有成功的信念，是一种在努力中找到的满足感，称为胜任感，心理学上称自我效能感。自我认同(认同感)能帮助儿童分清楚自己与他人，自我效能感(胜任感)能引导儿童经常反思自己想法，发展健康的自我评价，不断地挑战自己的思维，建立健康的自尊，构建未来自我的能力。

(3)个体对自我情感的觉知能力

该能力能够使儿童识别和区分自己的情感状态、调节儿童的表达情绪，能够想象并采取行动解决自己的情感问题。觉知能力是对自我情绪的感受力。

下面对自我认知能力进行详细分析。

在笔者调查和接触的多数学生中，他们都能够分清楚“我与他人”，知道自己的优点，也了解自己的问题。在幼年自我特征的认同基础上，低年级的学生会通过比较，把信息纳入自我认同，虽然刚刚入学，但也知道自己是什么样的孩子，知道老师最喜欢谁，谁最守规则，可以和谁玩，跟谁玩得更好，和谁有相同的地方——“我俩是女生中跳绳跳得最好的”“她和我学习都很优秀”“我们都喜欢阅读”“帆帆同学控制不了自己，在课堂上有时突然情绪激动，会大喊大叫，老师不得不停下来把他带出教室，交给心理老师跟他聊天，我们认为他打扰了我们上课。而且，他还会骂人，骂得特别难听，我们都当作没听见。几乎全班同学都知道他不一样，我们对他的行为采取忽视的态度，这有利于他尽快安静下来”。

学生还会根据自己的喜好为自己树立目标。二年级的刘××同学特别尊重老师，喜欢学校。她母亲说：“孩子每次见到老师都特别开心。”刘××同学说：“我们班主任是研究生，我也要和老师一样考研究生，成为一个学习好的人，我将来也要当老师。”孩子的话虽然听着稚嫩单纯，却有利于孩子的角色定型和未来的发展。

此外，高年级的学生能透过外表和行为认识自己，通过日常的同学交往知道谁更优秀，他们喜欢学习好和遵守纪律的同学，他们可以认识并接纳自己的独特和差异，希望建立一种健康的自我形象，有一种向好向善的美好愿望。通过观察，笔者发现班级里会自然形成一些学生互动较为紧密的群体，比如学习优异的学生、热爱阅读的学生、对绘画感兴趣的学生会各自聚集，甚至一些行为习惯相近的学生也会形成一个特定的互动体。关于校园里一个较为突出的互动体，老师在观察记录单上是这样描述的："郑××同学上课大声说话，也特别爱接话。他经常在同学发言后，往课堂无关的方向指引，并带头起哄，严重扰乱课堂秩序。对此。老师进行多次课上教育和课下谈话，效果均不明显。上课时坐姿散漫，回答问题时表现出不在意，或者畏难情绪严重。下课时在楼道里奔跑打闹，大喊大叫。他比较重视语数外的学习，只听语数外的课，只完成语数外的作业。其他课或者其他任务都不喜欢，也不完成。自习课坐不住，不停地去洗手间，不能遵守课堂纪律。"老师们对他的评价是"只有在起哄时情绪高涨"。

而在一次学校教育中，郑××同学这样描述并反思自己的行为："从这个学期开学，我就异常兴奋，总是不遵守学校的规章制度。五年级时，我认为这样做没什么，老师也没怎么说过我，我便认为只要上课不说话就行。但到了六年级，每当我做错事，老师就会让我遵守各种规章制度，其实在我违反纪律的时候，我都没有意识到自己做错了什么，所以经常认为老师是无缘无故地说我，针对我。通过这次谈话，我才清楚自己的错误。在课堂上，我经常不认真听讲，和同学聊天，交头接耳，不好好坐着，在老师指出我的问题时我也不改正，或者改正了一会儿又会犯。在我看来，语数外三个科目很重要，其他科目都是小科，根本不重要，因此我才会说话，而且我觉得即使说话也不会有什么后果。我经常为了自由和便利，违反学校的规章制度。在宿舍午休的时候，因为我经常睡不着，我觉得没意思，就和别人一起打闹玩耍，我这样做也严重违反了午休纪律，打扰了别人休息。在学校集体活动中，我总是站不好，我没有想其他的，也没有在意我的行为会影响班级的整体风貌。现在，我从老师对我的教育中知道自己错了，我要改掉坏习惯。我不能让别人用异样的眼光看待我，我以后不会这样做了，我一定向好榜样学习，向好的方向发展。通过以上反思，我保证做到以下几点。遵守上课纪律、午休纪律、队列规范。上课时，一定认真听讲、举手发言、积极回答问题。在宿舍时，按时休息，好好睡觉，不和他人说话。在队列中，按照列队规范站好，不说话。在校期间戴红领巾。在教学楼内安静行走，不奔跑打闹，不大声喧哗。在食堂就餐时，排队买饭，不打闹说话，吃完饭不逗留，立即回宿舍。入校时，快速前往教学楼，进行早读或值日。我保证说到做到，我要变得更加自律。”

此外，“朱××同学也是一个爱接话的学生，经常扰乱课堂秩序。课间在楼道里奔跑打闹和大喊大叫，老师多次教育，效果都不明显。在自习课上，还经常因为一点小矛盾就发生争吵，影响其他同学学习。”“郑××同学比较爱跟风，在课堂上其他同学接话时，他就跟着起哄。其他同学违纪时，他也跟着。”还有几个同学与他们一起形成了这个“特点突出”的群体。当被问到他们为什么选择在一起时，笔者发现这个群体中的学生对彼此的行为并不认同，知道违纪不好、应该控制自己行为，也不想变成伙伴的样子，但是“我们能玩到一起，我们不想听课，上课可以一起说话，可以一起让课堂乱起来，一起应对老师的教育”。这就是他们在一起的原因。

当然，大多数学生当面对自己的问题时，愿意改变，并愿意变得更好。沈××是一个被老师和父母认为非常头疼的孩子。老师认为他是一个缺少主动性的孩子，追求“自由”，上课时总是无精打采，托着脑袋上课，下课后就在走廊里追跑打闹，不能按时进教室上课。父母认为他缺少内驱力，对自我要求太低。但是，当被问及对自己的评价时，他说：“我规则意识不强，行为表现不太好，但是我爱劳动，在家里经常帮助父母做力所能及的家务。每天吃完饭，我都负责收拾碗筷和洗刷锅碗。母亲说她和父亲离婚是因为我太吵了，问题太多，不想再管我了。我不希望父母因我而分开，我正在改变，我这学期上课开始认真听课了，能够遵守学校的纪律，虽然我也会犯错误，但我在努力变得更好，我相信我能做得好！”在沈××的话语中，能够感受到他对改变自己是有信心的，也正在努力且积极构建自己的形象。五年级二班的陈××同学的母亲称他就是家里的男子汉："他经常帮着家里做事情，他认为自己长大了，可以照顾母亲了。"

在学生中小干部队伍或者一些品学兼优的学生身上，也能找到一些共同的特点。他们不仅知道自己擅长什么，而且在同伴交往过程中可以找到对方的兴趣与爱好。他们认可自己的能力，当接到任务或者面对问题时，能够有自己的想法和见解。他们"愿意让别人关注自己并倾听自己的想法和愿望"，有强烈的愿望去领导和管理其他同学，在同学中一般扮演的是领导者身份。一年级戴××同学的母亲说："跟大一点的孩子在一起，他是一个很好的协作者；在比自己小一点的孩子中，他一定是个很好的领导者。"孩子虽然小，但能够正确认识自己，评估自己的能力并采取相应的行为。二年级巩××同学的母亲说："他在孩子中主导性很强，会带着小朋友一起做事情。一年级时，有一天，他拿出一个小板，就是写字用的小硬板。我说：'你要干什么？'他说：'我们班纪律太差了，我要把每个人的名字写下来，然后结合今天的表现，回头给他们送小礼物。'这是他自己想的办法，他希望通过这种方式去解决问题，让同学们都能遵守纪律。"二年级胡××同学的母亲说："他跟小朋友一起玩的时候，愿意张罗一些事情，给小朋友们分工，一起完成一个游戏。他会找到别人的兴趣，如果有小朋友喜欢听笑话，他就抓住这个特点，经常讲讲笑话，后来两个人就成为好朋友了。"这就是儿童的游戏，是儿童在同伴中的一种思考和判断，他们在用自己的方式，用自己的智慧去处理生活中的事情以及与小伙伴的关系。

在觉知能力的表现方面，有些孩子知道自己管不住自己，不够自律，就会寻求父母的帮助。五年级李××同学的母亲说："暑假期间，孩子自己待在家里，孩子总想玩电子产品，他也不是一直玩，可能有那种依赖想法，我当时很矛盾，但我还是选择把手机交给孩子。但是，一个亲戚对我说：'孩子那么小，靠他自觉抵制电子产品的诱惑不可能。'然后，就这个问题我跟孩子谈了谈，我说：'我希望你能自律。'他当时就跟我说：'在这件事情上，您别信任我，您还是把手机收起来吧。手机放在我这儿，我总是不自主地想看。'他对自己的控制能力还是很了解的，知道哪些事情自己能控制住，哪些不能控制。不能控制的事情会寻求我的帮助。"

当然，在学生群体中，也存在极个别的学生对自己的行为不自知，也不能自省。在成人引导下，他才知道自己打扰到别人，知道自己行为已经引起了别人的反感，但仍不能克制自己的不当行为。例如，"张××同学上课经常不听讲，从不遵守课堂纪律，经常随意说一些与课堂无关的话，有同学提醒和制止他的行为，他就会说脏话反击同学。他经常发出怪声，扰乱课堂秩序。当问他为什么这样做时，他总是不承认或者推诿，根本没有克制自己的意愿和意识。课间还会招惹同学，与同学打闹。"在访谈中，笔者问他："说脏话是非常不礼貌的行为，也有损你自己的形象，你知道吗？"他说："我知道骂人不好，但是有时候别人会主动挑衅我，这让我很不开心，这时我就会骂他们。但是，我骂了以后对他们没啥影响，反而我变成了一个特别爱骂人的人。"问他自己有什么缺点时，他说："我上课爱开小差，不能全神贯注地听课和写作业，我经常丢三落四，我的毛病真不少，但是这都属于我个人形象和习惯方面的，与学习无关。"在他心目中，学习好了就行，其他无所谓。所以，"他特别喜欢读书，只有读书的时候才能安静下来"。当老师对他的行为提出要求时，他总会说："我做不到！我也想好，但是我控制不住。"事实上，当被找父母或者按照校规对他进行惩罚的时候，他的行为是可以改善的，只是坚持时间不长。老师们认为："他对自己的行为不自知，而且不能接受别人指出自己的问题。"其实，这样的学生并非不知对错，也具备感知情绪的能力，但由于学前期家庭过度关注却缺乏正确引导，进入集体后又因行为失控未能被老师和同学接纳，逐渐形成两种极端认知：有人过度否定自我，有人将问题归咎于他人。这种长期被否定的经历，导致他们难以获得成就感，自尊心未能建立，始终无法塑造健康积极的自我形象。

2.“从他人的眼中看世界”——社会认知

作为一个多学科共同的研究对象，社会认知有多种多样的定义。北京师范大学张文新教授认为，社会认知的研究要把知和行结合起来。据此，他认为，社会认知是指人对社会性客体及其之间的关系，如人（他人和自我）、人际关系、社会群体、社会角色、社会规范和社会生活事件的认知，以及对这种认知与人的社会行为之间的关系的理解和推断①。儿童社会认知的发展，除受一般认知成熟的影响之外，还受到儿童社会互动经验的影响。因此，在判断儿童社会认知能力的时候，主要看他能够“从他人的眼中看世界”或者“站在他人的角度看问题”，在与父母、老师、同伴关系互动中是否能够理解他人、关心和帮助他人。

“天使宝宝”是一位二年级学生的母亲对女儿的评价。当谈到女儿的时候，母亲一直笑个不停，能够感到女孩在母亲的世界里是一个太阳，让母亲沐浴在阳光下，温暖而幸福。“我的女儿很乖，也特别温暖贴心。在她不高兴的时候，她会跟我说她要哭一会儿，哭过一会儿以后，她会跟我讲：‘我现在没事了，可以了。’当别人不高兴的时候，她会感觉到，很能体会到别人的情绪变化。我不开心的时候，她会很关心地询问：‘妈妈，您怎么不高兴啦？’她总是第一时间安慰我。我们家经常来客人，来了客人她会帮着我接待客人。客人带来小朋友，她会主动陪小朋友玩，带着小朋友参观院子，介绍环境，像个小大人似的。她的交友能力很强，在任何一个陌生的环境中，都能够很快地适应，并找到一个新伙伴，在一起玩得也会

①张文新．儿童社会性发展[M]．北京：北京师范大学出版社，1999．

很好。暑假的时候，她去参加一个夏令营，孩子基本都是三、四年级的学生，而她仅一年级，我们很担心她能不能适应。结果，开营第一天，她就认识了一个小姐姐，拉着小姐姐就开始玩，一直到闭营时，两个人都玩得特别好。她的适应能力很强”。

巩××同学的母亲也讲述了一个同样温暖的小女孩：“我和孩子爸爸都是医生，工作都很忙，经常半夜才能回家。有时真的感觉工作压力特别大，总是持续高压的一种工作状态，而且也顾不上孩子。有时候，我是有点情绪崩溃的，因为我们家老二也很小，我就总觉得对不起两个孩子。记得那年寒假，学校布置了一张手抄报的寒假作业。我闺女在她的手抄报中，画了穿着白大褂的爸爸和妈妈，旁边写着：‘我的爸爸和妈妈都在医院工作，他们特别伟大，因为他们的付出，我们国家变得更好了。’看过后，我特别感动，这真的是会让我记一辈子的一件事。她看见我看手抄报时哭了，就鼓励我：‘妈妈您别哭，您知道吗？您真的特别伟大，是因为有你们，咱们国家才变得越来越好！’我瞬间被治愈，感觉我的‘小棉袄’真的是太贴心了。我以前觉得她是一个挺自我的孩子，共情能力不强。自从有了弟弟，我觉得她的变化还是挺大的。就比方说，弟弟犯了错，我们会批评弟弟，然后她就会过去，抱住弟弟，对弟弟说：‘听妈妈的话，下次咱们别这样做了行吗？’而且，她跟弟弟相处得很好，很会照顾弟弟。她也很心疼我。有时候我头疼或者不舒服，她就自己在房间里待着，不来打扰我。此外，她也挺爱说的，基本上就是她在学校发生什么，有什么好玩的事，她都会跟我分享，她也会有一些情绪低落的时候，这个时候，她就会趴在我旁边跟我聊天。”

这两个孩子的共同点，是能够感受到别人的情绪，理解他人的感受，通过分享喜悦或者提供帮助对他人情绪做出反应。在家庭中，这些孩子大多表现得特别懂事，能够感受到父母情绪，安慰和关心父母心情，帮助和关怀弟弟或妹妹。“当弟弟惹妈妈生气的时候，她会过来劝妈妈，既能感受到父母的不开心，又能关心体贴父母”。二年级王××同学的父亲说："我女儿是一个很敏感的人，小时候看动画片，伤心的时候就会流泪。稍微大点以后，回到家一点儿都不闹，如果我在睡觉，她会轻轻地拍拍我，告诉我她回来了。我让她到点叫我起来。到点后，她会很轻很轻地拍我，叫我起床。"但是，也有一些社会认知能力较差的孩子，他们对别人情绪的感受性不强，"别人开心还是不开心，他都不会关注和觉察，即使有时候知道他人生气了、不开心了，他也不会表现出来，不会去安慰或者回应，甚至对自己的行为不会有改变"。可见，这样的孩子共情能力很弱。共情能力的发展是儿童观点采择能力的发展。塞尔曼曾用纵向研究设计考察了不同认知发展阶段儿童的观点采择水平，结果表明，儿童观点采择的发展阶段与认知发展阶段之间存在平行关系。

3."适时适度适宜"——自我管理

在父母看来，孩子能够调节自己的情绪，能够控制自己的行为，使情绪和行为能够适时适度，这就是自我管理。自我管理主要包括自我调节和自我控制两部分，是以早期发展的自我认知和社会认知为基础，以一系列的早期发展变化为前提，是自我系统发展的重要维度。自我管理的目标是适时、适度、适宜，统一起来就是适度。适度是一个很难量化的概念。在生活和学习中，很容易一不小心就过了度。对于儿童社会情感发展，要学会管理自己的情绪、行为和注意力，要适时适度，与周围的环境相适应。这就需要培养儿童具备很强的自控意识、学会因果思维，还能自我安慰、控制情绪并驾驭情绪，这都是自我管理的关键能力。

(1)情绪管理

控制不愉快的情绪是儿童社会情感健康发展的关键。起伏波动的情绪状态决定了生活的快与乐，也决定了儿童是否能够适应群体和社会生活。

在访谈中，父母普遍反映，从小到大，孩子慢慢学会了控制情绪，由小时候有情绪时的不知所措到慢慢地开始控制，这说明控制能力随着年龄的增长在不断提高，对情绪的感受能力和反应能力也在提高。例如，看到妈妈不开心或者姥姥姥爷不开心，会关心一下，问问“怎么了”。

随着年龄增长，孩子开始学会控制情绪。从原来“跟大人在一起的时候，生气了就会拍我屁股发泄”，到现在“会悄悄地拽我衣角或者采取不被发现的方式，可能是觉得丢人所以克制吧”。孩子慢慢开始控制自己的情绪，哭得越来越少，有时候“看着他很委屈，眼泪在眼圈里打转，觉得他在控制自己的眼泪。但是，生气的时候还是会发脾气，有时候也会被气得咬牙切齿。不过，他不太能看出别人的情绪变化。比如，他每天一起玩的好朋友，如果人家不开心或者不高兴了，他根本不知道。但是，我高兴不高兴他能看出来，就算看出来，他也会回避或者视而不见，更不会安慰我。有一次，我肚子疼，我让他帮我拿杯水，但是他根本没反应。我不知道他是不愿意做还是不知道怎么做。有时候，我和他爸爸斗嘴，他在旁边听着就像没听见一样，听几句或者看一会儿也不吱声就离开了。我的感觉是，他不是感知不到，而是不知道怎么做。另外，在与玩伴和同学相处的时候，看着还行，但有矛盾时就不知道该怎么处理了……”

通过这个案例，能够看到孩子的控制力在提高，他开始知道要面子、知道在外面发脾气不好，有了这样的认知，就开始做出转变，从而学会情绪管理。一年级时控制情绪还不太好，一定得发泄一下，但不会出现扔东西或者具体言语上的发泄和攻击，情绪不会特别大起大落。但是，“生气的时候，肯定忍不住”。其实，所谓的控制，也不是压制自己的情感，适当地发泄和理性对待情绪是保持情感健康的关键。学者佩奇・杜布瓦将“自制”解释为“小心谨慎且富于智慧的人生态度；或遇事平静且机智”①（丹尼尔・戈尔曼，

①戈尔曼. 情感智商[M]. 耿文秀，查波，译. 上海：上海科学技术出版社，1997.

1997)，其核心含义就是适度。在情绪管理过程中，成人的引导和教育具有积极的作用，孩子的情绪产生“一般情况下，都是因为当面说他不好，他接受不了；或者说好的事不办，他也会生气。如果不开心会找妈妈说说”。这个时候，父母要给予关注，并改变与孩子沟通的方式，注意沟通技巧，并积极引导孩子调节和控制情绪。他们能够听进去道理，也能够与父母沟通想法。“有意识控制自己，比如说在商场，现在我觉得孩子会妥协了。小时候，我给他灌输的原则是去商场买东西只能买一个。然后，他特别想买的时候，我就跟他讲道理，或者跟他说：‘这个东西可能上网买更便宜，或者在网上能买更多的东西。’那会儿他根本不理解，现在他开始理解这些不同意，也能接受我的这些观点了”。引导过程使儿童能够知道管理好自己的情绪是非常重要的，要时时刻刻调节好心情，学会用成人的方式去安慰自己，才能不受消极情绪的影响。

有些儿童内心是温暖的，能够去感受情绪和理解情绪，但是不太擅长通过语言表达情绪，传递情感信息。“他并不是一个高情商的孩子，前几天有两个小朋友来家里玩，两个小朋友突然打起架来，其中一个跑进房间就不出来了。然后他就拿来好吃的去哄那个小朋友，还是挺懂事的。他是一个相对敏感的孩子，但是表达能力有点差，无论是语言上还是行动上，有时候不知道自己该怎么做。有一天，他想去玩滑板，但是写作业又磨叽，我在陪他的时候也觉得累了，而且也很生气，我就说我必须休息，我要进屋躺会儿。我叫了一份外卖给他。等我出来，我看到他只吃了一部分，把我的那部分留了出来。这个行为很暖心，但他就是不太会表达。”所以，在儿童社会情感发展过程中，应学会观察身边榜样或者媒体中的情感表达，学会处理自己的感受，回应他人的情绪表现。“孩子情绪控制方面稍微欠缺。比如，玩滑板的时候，在场地上玩是需要避让的，他有时候就会因为不避让出现情绪爆发，他控制不住自己，这方面有点弱”，父母知道和理解儿童情绪背后的原因，引导和教育儿童学会自我安慰、自我调节、自我控制情绪，可以促进儿童社会情感发展。

(2)学习和习惯管理(独立性)——专注力

学习和习惯管理是家庭教育中比较常见的问题。儿童经常出现学习主动性不高、专注力不好，特别是学习磨叽和拖延等问题。“学习上只能看着，不看着注意力就不集中，有的时候写着写着就去玩了，提醒他，他可能写一会儿，然后可能又去玩了”“提出要求但他还是会犯，说他的时候他会说‘我也控制不了自己’”，相对缺乏毅力坚持做完一件事情。这部分孩子“自主性不高，总是需要监督。比如，该刷牙洗脸了，总是要提醒，如果不听，就得过一会儿再提醒一次，而且需要反复提醒”。特别是对于手机等电子产品的使用问题，已经成为儿童在社会情感发展中的一个突出问题。对于这些孩子，他们大多缺少主动性，学习上靠父母的督促和提醒，甚至是反复和不断的提醒，“写作业挺费劲也挺磨叽，没有很好的规划，有的时候回来先玩，玩够了再写作业，我们也说过如果先写作业再玩更轻松，但是他不认可，还是想先玩再写作业”。据此，可以看出孩子的自控力很弱、独立性不强，甚至对父母非常依赖。具有良好学习和生活习惯的孩子，他们一般独立性比较强，越独立就越自律。“我们上班，他就一个人在家等我们回来，也没说害怕或者怎么着。我们回来后，他也是自己看看书或者干点什么，不会特别黏着我们。自理能力这一块，他肯定是没问题的”“他自己的事情基本自己做，但是需要我们督促。房间乱了，让他收拾他就收拾。提醒他洗牙套他就去洗。不过，他有时也会主动做这些事。他妈妈把衣服洗好了放在床头，告诉他收起来，他也会收到抽屉里。有时他洗澡，我给他拿衣服，他会告诉我去哪个抽屉哪个袋子里拿，他收拾东西这方面还是挺好的。有时候他会把书给我，让我放到第几个抽屉里，帮他放回原地。孩子还是很独立的”“平时学习，我们其实管得不是很多，他都是自己学。他比较自律，一般知道自己该干什么，也不用我们催促。他学习的时候，不让我们在旁边，我们做自己的事就行”“从一年级下半学期开始，我们就不再管他学习了，他自己就可以了”……自我管理能力强的孩子还表现在他们对自我要求很严格，有目标，能坚持。有一个一年级的学生，能够做到早睡早起，从不睡懒觉，还特别勤快。在家能够洗碗、收拾屋子、规整自己的房间物品。生活习惯非常好，还很独立，与哥哥和小朋友都能够友好相处。他自己要求报了很多兴趣班——跳舞、骑马、古筝、围棋、羽毛球及游泳等，父母建议可以减减，但是他不同意。他的母亲说：“他都要参加，而且都喜欢。他的独立与毅力，与游泳有关。一个月大的时候，他开始游泳，然后游到八岁，我担心他身体素质差，每天都带他去游泳，一年 365 天，大概 350 天都游泳。能够坚持一年，很容易，但我们一直坚持了八年，这不是一般人能坚持的。”

可见，儿童自我管理的终极目标就是自律，缺乏自律的人是不独立的人，是需要他人来控制自己的行为的人。而自律的人则可以从内部控制自己的行为，他们不需要别人告诉自己应该做什么，不该做什么，哪些行为是不能做的，他们也不需要外部的奖励和惩罚来规范和引导自己的行为。自律的儿童也是如此，他们知道自己应该学什么，应该怎么学，知道什么时候应该做什么事，知道什么时候应该有什么样的表现。他们会随着社会和外部期待调整自己的行为。自律不是短期实现的，它是自我调节和控制的转变过程，是渐渐形成的“由内向外”的发展过程。儿童需要从外部或者他人的规范行为逐步发展到自我调节和自我控制，这是行为内化的过程。“在纪律方面，我们不用担心，他的荣誉感很强，比如在学校，如果他被扣分了，他就会特别难过，他想做得最好，他对自己的要求很高。但是，我会跟他说：‘没关系，你不用给自己太大的压力，一个人是不可能不犯错的。’因为他对自己要求比较严格，我就怕他给自己的压力太大”。

4.“被孤立与受欢迎”——人际交往技能

经常被孤立、被排挤的儿童一般存在于集体中或者与人交往过程中，这些儿童通常辨识情感、同理心，以及对情感的反应能力较差，与成人或者同龄儿童很难进行有效而独立的互动，人际关系较差。许多研究表明，能够建立和维持令人满意的社会关系的儿童，具有更强的社会适应力，并能获得更高的成就。人际交往技能是儿童社会情感发展的又一重要维度，强调一个人的受欢迎程度、权威，以及社会互动效能等，其包括非语言交往能力（待人接物能力）和语言交往能力（沟通能力）。

儿童一般能够表现出辨识情感的能力。一年级的王××同学的父亲是这样描述的：“刚刚开学那会儿，因为没有同小区或者同一个幼儿园的孩子，我们担心他会孤单，没有小朋友一起玩。我们就问他：‘在学校都跟谁玩？’他说：‘我还在观察。’这孩子是会看别人脸色的。”“会看脸色”就是一种辨识情感的能力，能够看出对方是喜欢还是厌恶，是高兴还是难过，能够给情感贴上标签。他们会根据标签判断自己与对方交往和互动的行为，并在此基础上，预料对方的行为。一年级的刘××同学一般会通过观察小朋友的兴趣爱好，来选择交朋友的方式。例如，对于爱讲笑话的小朋友就讲笑话，对于爱骑车的小朋友就一起骑车。找到共同的兴趣爱好，投其所好，所以刘××同学很容易交到朋友。通过上面的分析，能够看出，刘××同学具有高度的社会认知，既能捕捉事物信息，又具有不同角度分析能力，去自我中心性很强，同理心也很强。有研究表明，这种心理特征一般要从七岁到十二三岁才能逐渐养成。

刘××同学也表现出了非常好的待人接物的能力，这是笔者在访谈过程中充分感受到的。在说明访谈意图后，笔者与她母亲约定了访谈时间和地点。为了便于观察，地点定于她的家中。按照约定时间，笔者准时到达她家小区门口，这时一个小小的身影映入眼帘，小朋友已经在小区门口等着了。对于这一举动，笔者当时很震惊也很感动。进入她家以后，她母亲跟笔者聊天，她就自行离开了，本以为她是进屋休息了，可是过了一会儿，她竟端出来自己制作的水果茶和奶昔。然后，坐在一边认真地听。问到她时，她会很礼貌地回答。母亲说："她特别乖，非常独立，爱好广泛，与父母和哥哥相处得都非常好，而且是个活泼、乐观、受小朋友欢迎的孩子。"另外，她还带着笔者去她的房间参观，并介绍了房间的结构。对于这个孩子的待人接物能力，笔者非常惊讶。如果把待人接物与交往能力联系起来的话，其就属于非语言行为类型。

还有一种类型的人际交往技能，即语言类型的能力，也就是沟通能力。现在的儿童在沟通方面很擅长，很多儿童不仅主动与人交流，而且很擅长与人交流。他们与同龄人交流得很好，会很快结成伙伴，成为朋友。"在任何一个陌生的环境里，都能够很快地适应，并找到一个特别好的小伙伴，然后一起玩，最后成为好朋友。不仅是一次接触得好，后续还会再约着一起玩"。

他们还可以和成人甚至是老人交流。"这个孩子很有意思，最近他总喜欢跟我们这个楼里的一位老爷爷聊天，每天要跟老爷爷约着下楼，就跟忘年交一样。吃完饭后下楼，就站在那儿拍拍球，或者聊会天。我问他都聊了什么，他说在聊哈勃空间望远镜。另外，老爷爷也跟他聊运动、健康类的话题。还有一天下班回来，我发现他正在楼下与一位叔叔一起跳绳。站在对方的对面，边跳绳还边聊着天，看上去聊得很热络。回来路上，他跟我说了很多关于叔叔的话题，比如，叔叔晚上要值夜班，还有叔叔家谁负责看孩子等"。这个孩子强烈的语言表达和沟通意愿，不仅有助于沟通能力的提高，也有助于人际交往技能的提升。这种与成人建立的联系对于提升儿童的能力和幸福感有积极的作用。

语言沟通，能够增进人与人之间的了解；待人接物，可以使交友能力得到提高。交友能力使人与人之间的互动更加密切，具有交友能力的儿童也表现出非常好的合作能力。他们“非常愿意参加团体合作或者各类小组合作，在一些任务中会积极地参与”，并表现出一定的领导能力。“这周末，我们带他去参加斯巴达勇士儿童赛，越野四公里，他和他的好朋友在一组。在合作中，我感觉他的胜负欲挺强的。但是，和好朋友在一起的时候，他俩合作得非常好。比如，有人跑得快，也有人跑得慢，互相之间会拉一拉，两个人跳到泥坑里还拉着手一起过，彼此会扶持一下。能够看出，他跟好朋友的合作度特别高。在学校里，有一些小组合作的活动，他也非常想通过自己的努力去解决问题。其实，在社交方面，孩子的社会情感能力挺强的”。

在访谈中发现，人际交往技能强的儿童比人际交往技能差的儿童更快乐，他们在与人的交往中更容易成功，也更受欢迎，他们的自我效能感更强。他们常常把自己看作有价值的人，他们有信心面对挑战，迎接未来。他们的父母也更安心，“他与同伴的关系非常好，我不用担心，他跟小朋友玩得也都挺好的。感觉他的人缘还可以，跟小朋友交往得都不错，起码我不会担心他被孤立或者怎样”“如果小朋友挺开心的，那她一定喜欢学校，喜欢上学。如果不开心，一定会有表现。据我观察，她没有”。相反，人际交往技能差的儿童，一般很少参加集体活动，朋友不多，不会与不熟悉的人说话，更不会主动聊天。他们很容易被集体遗忘在角落里，也很容易被孤立。这样的儿童也会有相应的表现，“有时候说话挺横的，没有礼貌。他通常对外人讲话不注意，不善于交流，看到陌生人也不会主动打招呼，比如说‘爷爷好’‘奶奶好’‘阿姨好’，他都不会说，也不会特别有礼貌地去跟别人交流，因为平时我们也挺随意的，也没有特别注重这方面的教育”。没有礼貌就不会受欢迎。不仅与外人相处需要礼貌，家庭内部成员之间也要讲礼仪。一位奶奶有感而发：“现在的孩子，不像我儿子小时候那样，比如说买完东西，或者有好吃的，先给奶奶吃，或者先给爸爸妈妈吃。现在的孩子这方面意识太淡了，甚至基本没有这个意识。这不是因为经济条件不允许，东西买得少，而是孩子的意识问题。其实让我先吃，我也不会吃。孩子吃什么就自己吃，我就坐在那儿看着他吃，他也不会礼让。”这些孩子是以自我为中心的，很少关注并体察别人的情绪和情感，所以常常在群体中被冷落、被排挤。他们常常与小伙伴发生矛盾，甚至大打出手。梁××同学的母亲这样描述孩子被孤立的原因："与小朋友一起玩游戏，比如'老鹰捉小鸡'或者'你追我赶'这样的游戏，别的小朋友可能追上他了，碰一下就结束了，但是他就会使劲拽人家，拽着不放，结果就会与小朋友打起来。这样就使得他和小朋友或者同学的关系很紧张，在班里不被同学接受，甚至被冷落。”

通过以上分析，能够看出，独立有主见的、友好和睦的、合作而富有领导力的、能自控而非冲动的，都是人际交往技能强的表现。这些事例也充分说明，儿童的人际交往技能往往是通过其行为在生活中表现出来的。童年期是儿童学习和体验社会情境中诸多反应方式的关键时期，可以根据其行为判断儿童社会情感的发展，并描述为高或低。为了不被冷落，就要给予积极的关注和指导，这对于儿童的发展是非常重要的。

5.“我想成为什么样的人”——负责任决策

“我想成为一名老师，我要好好学习，考进全国最好的大学，然后当一名老师。”这是一个小学二年级学生的回答。当问到为什么想当老师时，她并不能说清楚，只是觉得老师好，喜欢老师。她的母亲说："她一上小学就特别喜欢她的班主任，在孩子眼里，刘老师年轻漂亮，而且博学多才。刘老师是研究生毕业，学历非常高。所以，她也想成为像刘老师一样的老师。”这个孩子的理想与愿望，正是身边的一个成人的良好举止和行为为其树立了榜样和行为规则。这样的孩子，自我认知较好，自我控制能力也较强，能够很好地面对问题和解决问题。而且，他们在集体中一般能够接纳不同的观点和思想，在学校里遵规守纪，能够并且愿意发现和利用资源来获得更多的成长优势。在父母眼里，他们是乖巧懂事、生活独立、学习优秀、兴趣广泛的好孩子；在老师眼里，他们是全面发展、乐于助人、求实进取的好学生，并且遵守学校的规章制度、热爱集体、踊跃参加学校举行的各项活动、积极协助老师做力所能及的事，是老师的好帮手。负责任决策是指能够接纳不同背景的人的观点，理解社会和文化规范，能够发现并利用家庭、学校和社会的资源。在学校，儿童的负责任决策能力的行为表现大多是能够遵守学校的规章制度，能够对自己的学习和行为负责。

对教师来说，儿童负责任的行为，就是遵守学校规章制度的行为。学校的规章制度有《中小学生日常行为规范》《小学生行为准则》《一日常规》等，班级一般也会有《班规》。学校和班级会通过日常管理让学生学习这些规章制度，并要求学生必须理解和遵守。这些规章制度大多指向的是儿童的思想建设和行为习惯，是儿童道德培养的一部分。大部分的学生能够理解和遵守这些规章制度，但总有个别学生做不到。在进行质性研究抽样的过程中，老师根据对学生的观察，推荐的社会情感能力较弱的学生，基本是不能遵守班级纪律和学校管理的学生，有的学习还可以，有的根本不学习，而且行为也不好。这些学生不遵守规章制度，不能很好地与他人相处，甚至情绪极其不稳定，有攻击性行为，被老师称为“学困生”“差生”。为了不给学生贴标签，有的学校把他们称为“待优生”。对于儿童来说，学习困难不可怕，没有规则意识、不懂遵规守纪却会产生很大影响。他们很难在集体中找到自己的存在感，更难有自我效能感，也就是价值感。这就导致他们在集体中的行为不被认可，甚至被慢慢孤立。

对儿童来说，负责任的行为是学习好、表现优秀、遵规守纪、受老师喜欢和同学欢迎。这是通过具象思维和对他人的观察结果作出的判断。比如，那些经常被老师批评、经常违反学校纪律的学生，会被同学认为是不负责任的学生。那些违纪行为也被认为是不负责任的行为。相反，在集体中表现优秀、遵规守纪的“学优生”，不仅学习优秀，而且多才多艺，在学校的各项活动中表现突出，即使有点违纪行为，也能被同学认可和接纳，也被认为是很负责任的同学。学生评价同学很简单，就是从简单的结果评价他人行为。随着认知水平的提高，他们能够评判行为结果，也能够思考行为背后的动机。而且，能够通过动机来辨别是非对错，他们的道德准则在慢慢形成，并以此来管理和规范自己的行为，也就是逐渐产生了道德感。这也是低年级与高年级学生的发展过程。

同时，对儿童来说，负责任的行为还包括能否正确对待与他人的分歧。每一个儿童都是一个鲜活的个体，都来自不同的家庭，都有不同的成长经历，所以他们是独特的。当这些独特个体互动时，如果不能理解和接纳他人观点，理解个体文化特点，很容易发生冲突。解决这些冲突，处理分歧，是在儿童互动中经常出现的。那些无法接纳分歧，经常发生冲突的儿童，通常被认为是缺乏责任感的人。他们的首要问题就是不能判断行为的对与错、是与非。

对父母来说，孩子在家庭中不负责任的行为基本是不独立、自我管理能力不强。特别明显的表现是，他们在使用手机过程中的控制问题。有的孩子一回到家就会拿起手机开始玩。小的时候孩子还能控制，五、六年级的个别孩子会抓着手机不放，沉迷于手机，也沉迷于其他电子产品。这不仅严重影响孩子的视力，而且还会使孩子的专注力下降。同时，也会出现交友问题。

二、儿童社会情感发展问题解析

在对父母和教师的访谈中，提到行为问题时，几乎都会用“情绪控制不好”“任性”“控制力差”“规则意识差”“经常打架”“注意力不集中”等词语进行表述。

在父母眼里，情绪控制是在家庭中常常要面对和处理的问题。主要表现是孩子遇到问题会突然爆发，比如，“在家里，大人没按他的心思和想法做的话，他会突然爆发，大哭大闹，弄得我们也没有办法”或者“在与小朋友玩的时候，经常会有情绪，有的时候突然爆发，有点难以控制，也就是在情绪控制上比较弱”，还有的“表现得咬牙切齿”“扔东西”，有一些年龄大点的孩子会与父母对抗，特别是进入青春期的孩子。当孩子情绪失控时，有的会冲着父母大嚷“你离我远点”，还有的孩子常常会出现沮丧、焦虑、挑衅和蔑视、羞愧等情绪。很多父母还提到孩子的任性，比如，“在家里连蹦带跳，到处爬，越怕他摔着，他就越逞能似的，登梯爬高，越说越来劲，越不让干越干”，跟父母甚至爷爷奶奶“说话特别横，对我们就像对用人一样”。还有一个问题，就是孩子的自控力。提到自控力，几乎都提到了“电子产品的使用”，特别是假期时手机的使用问题。小孩子是拿到手机不愿意放下，大孩子是玩游戏入迷难以控制。有时候，父母会控制玩手机的时间和内容，但是稍不留神就被拿走。有的孩子会选择父母不在家的时候或者夜里玩，无法自拔。

而在老师眼里，规则意识差是亟待解决的问题，其表现是与学校的规章制度和班级管理要求有出入的行为，比如学校规定上课认真听讲，下课安静行走，但是总有学生在课堂上大声说话，在走廊里奔跑打闹，甚至不听老师教诲。班主任认为这些学生自控力非常差，又对自己的行为认识不够，通常是屡教不改，打架行为也时有发生，具有一定的攻击性。在学校里，“经常打架”大概有两类，一类是在活动或者游戏中，遇见问题会不假思索地直接用手脚来解决。这属于无意攻击行为。一类是在同学中比较强势，喜欢欺负弱小，特别是性格胆小软弱的同学，靠控制别人行为和侵犯别人来获得内心的愉悦。这种看似让他人不开心的行为，实则是一种探索性的攻击行为。四年级的男生宿舍里发生了一起“欺负”事件。一个宿舍有六名学生，每天午休之前，他们可以自由活动一会儿。一般情况下，学生们会利用这段时间玩一玩，或者聊会天。但是，有个宿舍的六个孩子每天午休的时候都是打打闹闹。后来，有两个孩子在打闹中占了优势，于是这两个孩子开始结伴打另外的四个孩子。这两个孩子说：“最开始互相之间确实是小打小闹，但到最后就是有针对性地打，如果谁不听我们的，或者打了还手，我们就会对他进行攻击，打完后还告诉他不许告诉老师。”这样的情况一直持续了十几天才被发现。这件事被发现后，另外四个孩子的父母是非常崩溃的，认为这是恶劣的“校园欺凌”，要求学校必须严肃处理两个孩子，并确保自己孩子在校安全。学校在安抚父母情绪的同时，立即展开调查了解真实情况。还有一种行为也发生在校园里。一位老师说：“前几天，在校园里，我碰见一个女孩对另外两个女孩说：‘你们听着，一定要听××的，她说话你们必须听，要不她会打你们的！’”这位老师立刻走上前询问情况，几个小女孩也是一个宿舍的，××平时比较强势，女孩们都很怕她，而且也不敢告诉老师。当问到××时，她说只是想让同学都听她的，只是吓唬同学而已，并没有其他恶意。这些行为最开始是为了在群体中树立“权威”、争夺“领地”或者获得“权力”，当孩子有足够的力量去建立“权威”时，不可避免地会发生身体上的冲突，这就会伤害到其他同学。这种行为其实就是一种有目的性的行为，或者是工具性攻击行为。当然，最严重的是敌意性的攻击行为，但小学阶段并不常见。老师们通常认为违反纪律、经常打架的原因，就是这些学生规则意识差、自控力差。

总之，对于儿童社会情感发展问题的界定，需要根据儿童的年龄特点和发展阶段进行考量，并且学校和家庭、老师和父母，以及家庭内部要给予一致的反应。

第三节 儿童社会情感发展水平的文化嵌入与实践赋能路径

既有研究对儿童社会情感发展水平的探讨，虽已勾勒出能力发展的整体轮廓，但其内部维度的异质性与表现形式的多样性仍需更精细的解析工具。质性研究方法为此提供了可能，通过解构社会情感能力的核心维度，并基于儿童行为表现、代际互动特征及环境适应模式的聚类分析，能够将抽象的发展水平转化为可观测、可比较的实践范畴。本节将整合量表测量与情境观察数据，构建儿童社会情感发展的多维度分类框架，并揭示每一个维度的内在特征，为隔代教养差异化干预策略的制定提供理论锚点。

一、学生社会情感发展水平

笔者发现，学生社会情感能力发展总体较好。从五个维度的得分来看，学生报告中，负责任决策能力发展水平最高，自我管理发展水平最低。质性研究结果也验证和说明了这一结论。这表明，学生具有较强的明辨是非、评估因果的能力，边界意识很强，懂得尊重别人，这与对城市儿童社会能力研究的结果一致①。但是，自我管理能力不高，主要表现在情绪管理、冲动行为的控制、学习管理和课堂专注力等方面。

父母报告中，负责任决策和人际交往技能得分最高，自我管理水平最低。结合父母访谈可以发现，父母认为自己的孩子能够理性分析问题，并与他人建立良好关系，这与学生报告的结果一致。孩子对自己在学校和集体中的感受更深，对自己是否合作而富有领导力、是否独立而有主见、是否受

①薛建梦.隔代教养方式与学前儿童社会能力关系的研究[D].济南：山东师范大学，2013.

欢迎，都有自己的看法和思考。

教师报告中，社会认知最高，可能是教师能够更全面地观察学生表现，通过对学生互动、参与度、合作能力等方面的观察，更全面评估学生的社会认知能力。教师报告的自我管理水平最低，这与学生报告和父母报告一致。可能对学生而言，他们缺乏自律性与自主性，意识不到自己的责任和义务，因而相比于其他社会情感能力，自我管理能力最差。

值得深思的是，学生报告的得分普遍高于父母报告的得分，教师报告中的自我认知、自我管理、总体社会情感能力的得分在学生报告和父母报告得分之间，教师报告中的社会认知高于学生报告和父母报告，教师报告中的人际交往技能和负责任决策得分低于学生报告和父母报告。这可能是因为学生最能理解和接纳自己的能力，而父母和教师对孩子的期望更高，评分也偏低，因而产生这样的偏差。

二、学生社会情感发展群体差异

不同性别的儿童在部分社会情感能力维度上存在显著差异，尤其在社会认知上，学生报告、父母报告和教师报告中的女生得分都显著高于男生。在父母和祖辈访谈中，女孩的父母和祖辈对女孩社会情感表现很满意，觉得自己拥有“天使宝贝”，而对男孩的评价大多是“任性”“自控力差”“冲动”等。这一研究结果与国内外很多相关研究结果一致。袁振国等在《中国青少年社会与情感能力发展水平报告》中指出，10 岁组的女生在大多数社会与情感能力中的得分都略高于男生，尤其在共情、合作、乐群、毅力和包容度方面[①]。Ciarrochi 等(2008)的研究表明，女生的情绪识别能力、调节他人情绪

①袁振国，黄忠敬，李婧娟，等. 中国青少年社会与情感能力发展水平报告[J]. 华东师范大学学报，2021，39(9)：1-32.

的能力和情绪利用能力都高于男生。

朱新鑫对初中生和高中生的问卷调查结果也发现，在同伴关系、自我管理和负责任决策维度上不存在显著性别差异，而在社会觉知维度上女生显著高于男生①。可能是因为社会对男女性别角色的定位及性别心理发展特点的不同，传统性别观念一般认为女生的感情更加丰富细腻，在社会化过程中培养起来的情绪能力比男生更强。

不同年级的儿童社会情感能力上存在显著差异，教师报告的自我认知和负责任决策中，三、四年级显著高于一、二年级和五、六年级，可能是因为三、四年级的学生独立思考能力正在提升，加上自我意识逐渐增强，但还能遵守父母和老师的要求或规定。教师报告的社会认知中，一、二年级显著低于三、四年级和五、六年级。可能是因为一、二年级学生正处于学校生活适应的过程，教师也更注重学生行为规范的培养。这与杜媛等（2018）②的研究结论一致。杜媛的研究结果表明，小学生社会情感能力发展不是直线、匀速上升的过程。因此，度过一、二年级的适应期后，学生的社会情感能力出现了质的提升。

非本地家庭在父母报告的自我认知、自我管理、社会认知、人际交往技能的得分显著高于本地家庭，但在学生报告和教师报告的总体社会情感能力不存在显著差异。这可能是因为非本地家庭的父母对孩子有更高的期望和要求，因此他们更看重孩子在家庭中认知和行为的表现，孩子也更愿意在父母面前表现出更好的一面。

城区家庭教师报告的自我认知、自我管理、社会认知、负责任决策和总体社会情感能力显著高于城郊和乡镇城区家庭，但学生报告和父母报告的

①朱新鑫. 特拉华社会情绪能力量表中文版的信效度研究[D]. 长沙：湖南师范大学，2016.

②杜媛，毛亚庆. 基于关系视角的学生社会情感能力构建及发展研究[J]. 教育研究，2018，39(8)：43-50.

自我认知、自我管理、人际交往技能、负责任决策显著低于城郊和乡镇。存在这样的分歧可能是因为教师通常通过观察学生的课堂表现、作业、考试等来获取信息，更加注重学生的认知、情感和社交能力等方面的发展；而学生和父母则通过日常生活中的互动和观察来获取信息，更关注自己和孩子的行为表现和学习成绩等方面。

教师报告和学生报告的社会情感得分在父母工作单位上不存在显著差异，但在父母报告中，父亲工作为个体私营的学生社会认知得分高于企业单位和自由职业，母亲在事业单位工作的孩子，在自我认知上的得分显著低于母亲在企业单位工作的孩子。这可能是因为个体私营者需要与很多不同的人打交道，这些交往经验可能会让父母认为这些经验能够增进孩子对社会多样性与复杂性的理解，进而帮助孩子更好地理解和解释他人的行为。而母亲在事业单位工作，留给家庭的陪伴时间相对较少，进而低估了孩子的自我认知能力。

三、儿童社会情感发展特征

从教师的观察和父母描述中，发现了一些学校和家庭在评价孩子中惯常使用的词汇，这些词汇可以作为孩子日常情感的呈现和行为的表现。在这些词汇中，频繁使用的是“懂事”“爱帮助人/心疼人”“情绪管理”“自控力”“规则意识”。结合量化研究结果，将这些词汇概括起来，主要通过认知和情感反应两个方面描述儿童社会情感发展特征和表现。这两个方面是互相对应，互为变化的。将认知作为手段，同一认知内容会产生相应情感反应的变化，认知是社会情感的最重要的特征。通过访谈资料的类属分析，结合量化研究中儿童社会情感发展的五个维度，得到了儿童社会情感发展维度图，如图 4-1 所示。

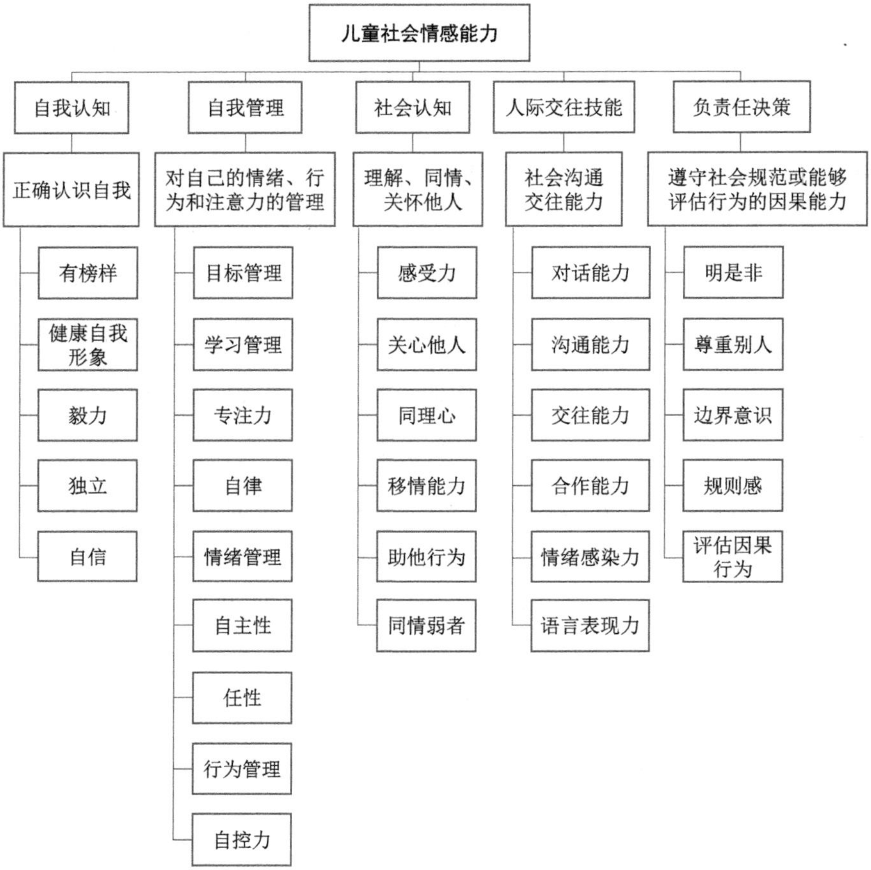

图 4-1　儿童社会情感发展维度图

根据儿童社会情感发展的五个维度，可以概括儿童社会情感的形式化特征。认知包括自我认知和社会认知。自信、积极树立自我健康的形象、毅力、独立等，是自我认知；对他人和社会的认知（包括理解、同情、关怀他人的能力），是社会认知。对自己的情绪、行为和注意力、专注力的管理的能力，是自我管理；而对话、沟通、交往、合作等都是社会交往能力，即人际交往技能。自我管理和社会交往能力则是情感反应的外在表现特征。负责任决策是遵守社会规范或者能够评估行为因果的能力，例如明是非、尊重别人、边界意识、规则感、因果行为评估能力。它是感受、思维和行动为一体的多层次反应物，是人所体验到的一切情感，也是道德意识在心理感受中的反映。它既是一种“自为的存在”，又是面对各种现实冲突解决问题的能力。

四、儿童社会情感发展问题及其成人影响

研究发现，不同的孩子的情感能力表现不同，不同的孩子在不同方面的表现也不同，大部分孩子仅在某一方面表现较差，如情绪管理、情绪觉察、社会交往等。如情绪管理较差的孩子，在对他人情绪的觉察上不一定会差。反之，在情绪觉察上较好的孩子，可能情绪管理也不一定会很好。这可能是因为对他人情绪的觉察更多需要孩子的同理心，同理心又多与年龄有关。年纪较小的孩子在情绪觉察上表现相对较差。通过后续观察也发现，同一个孩子在不同阶段的情感能力在不断发展，一个阶段内对情绪管理和觉察较弱，或者是一个阶段内在同学间人际交往出现问题，经过老师和父母的引导及训练，会出现很大的提升，表现也会很明显。也有的孩子在交往中慢慢调整，从而也会有所转变和提升。这也说明儿童社会情感是在不断变化和发展的。

本书从父母和老师的视角，列举了儿童社会情感发展问题行为，这也是儿童社会情感能力低的表现。根据 Miller(2007)概括的三种不同层面的问题行为，儿童社会情感发展问题行为的表现也可以分为三个层面：第一类行为的孩子社会认知能力、自我管理能力和负责任决策能力较弱；第二类行为的孩子自我管理中的情绪感受力、调节和控制能力、同理心以及社会规范或者评估行为的因果能力比较弱；第三类行为的孩子大多情绪调节和控制能力不强。这三个层面的儿童社会情感发展问题行为是根据儿童的情感、认

知发展阶段和年龄段考量的。需要注意的是，不同年龄阶段的孩子的社会情感发展是有差异的，就是同一年龄阶段的不同孩子的社会情感能力也不同。评判儿童社会情感能力和行为问题都是基于成人视角的判断和界定，都是以儿童的行为给成人造成的困扰和后果为评定儿童行为和社会情感能力发展的依据。但有时这种判断过于主观和武断，有时甚至会受成人的情绪、心情或者其他一些因素的左右，而忽视了儿童在成长过程中真正的问题，从而促使儿童行为问题的滋长。

从教养方式看，成人养育行为对儿童短期和长期都有深远的影响。严厉的控制使儿童服从、胆小、依赖性强、易激动（Weiss 等，1992；Strassberg 等，1994①），如体罚、羞辱、专横的命令等强制性方法会使儿童出于害怕或盲目而服从，而非出于同情心或对他人的关心。这就阻碍了他们内化所必需的很重要的推理及关心他人的能力（Hoffman，1967；Kohn，1996）。因此，没有说明地或溺爱般地对儿童加以控制并不能帮助儿童发展自控能力。后文将会提到一个让别人给他下跪的男孩，当其父亲谈到如何处理这件事时，他表示愿意让自己的孩子以同样的方式进行道歉。“我要让孩子在这件事情中承担后果，要让他一辈子都知道，自己的行为要承担后果”。这句话听上去好像是没什么，教会孩子对自己的行为负责也是应该做的，但是对一个二年级的孩子来说缺少了成人的社会化策略。父母和老师使用的社会化策略在儿童人格发展及儿童是否因为遵从、认同或内化而服从规则方面起主要作用。短期和长期效果都已经被发现（Franz 等，1991；Kuczynski 等，1995）。

①STRASSBERG Z，DODGE K A，PETTIT G S，et al. Spanking in the home and children's subsequent aggression toward kindergarten peers[J]. Development and psychopathology，1994，6(3)：445-461.

第五章

隔代教养方式对儿童社会情感发展的影响分析

隔代教养中祖辈的情感卷入度与教养参与模式，通过代际情感传递与行为示范深刻形塑着儿童的情感认知框架。然而，当前国内研究多聚焦于父母主导的教养情境，对隔代互动中儿童社会情感能力的动态生成机制及其代际异质性影响仍缺乏深度追踪。本章将通过量化分析与质性个案的双重视角，揭示隔代教养模式与儿童社会情感能力的内在关联图谱，进而为破解“代际协同困境”与“情感教育断层化”提供实证依据。

第一节　隔代教养方式与儿童社会情感发展的关系

在解构隔代教养方式类型及其对儿童社会情感能力的理论作用路径后，需进一步追问：儿童社会情感发展水平是否与隔代教养存在统计学意义上的显著关联？量化研究的核心价值在于通过数据验证理论假设，将抽象的教育互动转化为可测量的变量关系。本节将基于抽样数据，运用回归分析，系统检验父母教养方式、隔代教养方式各维度与儿童社会情感能力的关联强度，为弥合代际共育提供实证依据。

一、隔代/父母教养方式与儿童社会情感发展相关分析

对教养方式和社会情感能力进行相关分析（见附录表 1），结果发现，隔代教养方式和父母教养方式中的关怀、自主性与学生报告、父母报告的社会情感能力具有正相关；隔代教养方式和父母教养方式中的拒绝、过度保护与学生报告、父母报告的社会情感能力具有负相关。

二、是否为隔代教养方式对儿童社会情感发展的影响

1. 是否为隔代教养方式与学生报告的社会情感发展关系

对是否为隔代教养方式对学生报告社会情感能力得分影响进行 t 检

验，见表 5-1。结果发现，隔代教养与父母教养下的儿童社会情感能力不存在显著差异（$ps>0.05$）。

表 5-1　教养方式与学生报告社会情感能力的关系

维　度	教养方式	人　数	均　值	标准差	t
自我认知	隔代教养	593	3.39	0.44	1.60
	父母教养	165	3.33	0.42	
自我管理	隔代教养	593	3.25	0.50	0.30
	父母教养	165	3.23	0.49	
社会认知	隔代教养	593	3.32	0.48	1.67
	父母教养	165	3.25	0.47	
人际交往技能	隔代教养	593	3.50	0.42	2.55
	父母教养	165	3.40	0.42	
负责任决策	隔代教养	593	3.53	0.41	0.46
	父母教养	165	3.51	0.43	
总体社会情感能力	隔代教养	593	3.40	0.40	1.68
	父母教养	165	3.35	0.39	

2. 是否为隔代教养方式与父母报告的社会情感发展关系

对是否为隔代教养方式对父母报告社会情感能力得分影响进行 t 检验，见表 5-2。结果发现，隔代教养与父母教养下的儿童社会情感能力总分上不存在显著差异（$ps>0.05$）。

表 5-2　教养方式与父母报告社会情感能力的关系

维　度	教养方式	人　数	均　值	标准差	t
自我认知	隔代教养	593	2.96	0.43	0.76
	父母教养	165	2.93	0.40	
自我管理	隔代教养	593	2.91	0.46	0.13
	父母教养	165	2.91	0.44	

续上表

维度	教养方式	人数	均值	标准差	t
社会认知	隔代教养	593	3.15	0.42	−0.91
	父母教养	165	3.18	0.39	
人际交往技能	隔代教养	593	3.30	0.41	0.13
	父母教养	165	3.29	0.35	
负责任决策	隔代教养	593	3.29	0.45	−1.08
	父母教养	165	3.33	0.40	
总体社会情感能力	隔代教养	593	3.17	0.38	−0.29
	父母教养	165	3.18	0.34	

3. 是否为隔代教养方式与教师报告的社会情感发展关系

对是否为隔代教养方式对教师报告社会情感能力得分影响进行 t 检验，见表 5-3。结果发现，隔代教养与教师报告下的儿童社会情感能力总分上不存在显著差异（$ps>0.05$）。

表 5-3　教养方式与教师报告社会情感能力的关系

维度	教养方式	人数	均值	标准差	t
自我认知	隔代教养	593	3.09	0.88	1.65
	父母教养	165	3.04	0.84	
自我管理	隔代教养	593	3.04	0.94	1.54
	父母教养	165	2.99	0.93	
社会认知	隔代教养	593	3.35	0.77	1.01
	父母教养	165	3.28	0.80	
人际交往技能	隔代教养	593	3.29	0.77	1.08
	父母教养	165	3.22	0.85	
负责任决策	隔代教养	593	3.30	0.81	0.23
	父母教养	165	3.26	0.84	
总体社会情感能力	隔代教养	593	3.27	0.80	0.48
	父母教养	165	3.25	0.81	

由于 t 检验仅能检测教养方式与社会情感能力之间的相关关系，因此后续需要进行回归分析与中介分析，以进一步了解教养方式对学生社会情感能力的影响。

三、隔代教养方式与儿童社会情感发展相关分析

对隔代教养方式和社会情感能力进行相关分析（见附录表 2），结果发现，隔代教养方式中的关怀、自主性与学生报告、父母报告的社会情感能力具有正相关，隔代拒绝、过度保护与学生报告的社会情感能力无显著相关，但与父母报告的社会情感能力具有显著负相关。隔代拒绝与教师报告的自我认知、社会认知、人际交往存在显著负相关，隔代过度保护与教师报告的自我认知存在显著负相关。

第二节　隔代教养方式对儿童社会情感发展的影响机制

量化分析虽已证实隔代教养方式各维度与儿童社会情感能力存在显著相关性，但二者间的因果链条并非简单的线性传递。祖辈的教养行为对儿童社会情感发展的影响，可能通过代际情感传递、家庭资源分配等隐性路径间接作用（中介效应），亦可因儿童性别、祖辈受教育水平或社区支持条件产生情境化差异（调节效应）。本节将基于结构方程模型（SEM），构建包含潜在变量与观测指标的多层次路径模型，同步检验教养方式对儿童社会情感

能力的直接效应、以父母教养方式为中介的间接效应，为精准识别干预靶点、优化政策协同路径提供方法论支撑。

一、学生报告社会情感能力的结构方程模型

根据理论假设，以隔代教养方式作为自变量，学生报告的社会情感能力作为因变量，父母教养方式作为中介变量，建立结构方程模型。各项拟合指数均符合标准（见表 5-4），表明结构方程模型与数据拟合基本良好（温忠麟等，2004）[①]。

表 5-4　结构方程模型拟合指数

模　型	χ^2	df	CFI	TLI	RMSEA(90%C. I.)	AIC
学生报告模型	132.90***	3	0.988	0.912	0.039(0.005～0.075)	4529.88

根据结构方程模型结果中的回归分析结果，隔代教养方式中的关怀和拒绝维度可以正向预测学生报告的各维度和总体社会情感能力（$ps<0.05$），父母教养方式中的关怀维度可以正向预测学生报告的各维度和总体社会情感能力（$ps<0.05$），父母教养方式中的拒绝维度可以正向预测学生报告的除社会认知外各维度和总体社会情感能力（$ps<0.05$）。隔代关怀可以正向预测父母关怀和过度保护（$ps<0.05$），隔代拒绝和隔代过度保护可以正向预测父母拒绝和过度保护（$ps<0.05$），隔代自主性可以正向预测父母自主性（$ps<0.05$）。

根据结构方程模型结果（见附录表 3），可以发现，隔代关怀维度可以通过父母关怀维度预测学生报告的自我认知（$\beta=0.11$，$p<0.001$，95%C. I.

①温忠麟，侯杰泰，马什．结构方程模型检验：拟合指数与卡方准则[J]．心理学报，2004，36(2)：186-194.

[0.054,0.160])、自我管理($\beta=0.08$，$p<0.001$，95%C.I.[0.037,0.132])、社会认知($\beta=0.08$，$p<0.01$，95%C.I.[0.022,0.127])、人际交往($\beta=0.09$，$p<0.01$，95%C.I.[0.037,0.146])、负责任决策($\beta=0.09$，$p<0.001$，95%C.I.[0.044,0.142])和总体社会情感能力($\beta=0.10$，$p<0.001$，95%C.I.[0.052,0.153])。隔代自主性可以通过父母自主性预测学生报告的自我认知($\beta=0.07$，$p<0.05$，95%C.I.[0.009,0.122])、自我管理($\beta=0.07$，$p<0.05$，95%C.I.[0.015,0.124])、人际交往($\beta=0.06$，$p<0.05$，95%C.I.[0.001,0.121])、负责任决策($\beta=0.07$，$p<0.05$，95%C.I.[0.014,0.123])和总体社会情感能力($\beta=0.07$，$p<0.05$，95%C.I.[0.014,0.127])。其他中介路径均不显著($ps>0.05$，置信区间均包含0)。

二、父母报告社会情感能力的结构方程模型

根据理论假设，以隔代教养方式作为自变量，父母报告的社会情感能力作为因变量，父母教养方式作为中介变量，建立结构方程模型。各项拟合指数均符合标准(见表5-5)，表明结构方程模型与数据拟合基本良好。

表5-5　结构方程模型拟合指数

模　型	χ^2	df	CFI	TLI	RMSEA(90%C.I.)	AIC
父母报告模型	152.61***	3	0.983	0.931	0.046(0.023～0.092)	5689.61

根据结构方程模型结果中的回归分析结果，隔代关怀可以正向预测自我管理和负责任决策($ps<0.05$)，隔代自主性可以正向预测人际交往($\beta=0.08$，$p<0.05$)；父母关怀可以正向预测社会认知、人际交往、负责任决策和总体社会情感能力($ps<0.05$)，父母过度保护可以负向预测自我认知、人际交往、负责任决策和总体社会情感能力($ps<0.05$)；父母自主可以正向预

测自我认知($\beta=0.10$, $p<0.05$)。隔代关怀可以正向预测父母关怀和过度保护($ps<0.05$)，隔代拒绝和隔代过度保护可以正向预测父母拒绝和过度保护($ps<0.001$)，隔代自主性可以正向预测父母自主性($\beta=0.47$, $p<0.001$)。

根据结构方程模型结果(见附录表4)，可以发现，隔代关怀可以通过父母关怀正向预测父母报告的人际交往($\beta=0.07$, $p<0.01$, 95%C. I. [0.018, 0.117])和总体社会情感能力($\beta=0.05$, $p<0.05$, 95%C. I. [0.005, 0.102])，隔代拒绝维度可以通过父母过度保护负向预测父母报告的自我认知($\beta=-0.04$, $p<0.05$, 95%C. I. [−0.067, −0.004])、人际交往($\beta=-0.03$, $p<0.05$, 95%C. I. [−0.061, −0.002])、负责任决策($\beta=-0.04$, $p<0.05$, 95%C. I. [−0.074, −0.006])。隔代过度保护可以通过父母过度保护负向预测父母报告的自我认知($\beta=-0.08$, $p<0.05$, 95%C. I. [−0.153, −0.013])、人际交往($\beta=-0.07$, $p<0.05$, 95%C. I. [−0.138, −0.008])、负责任决策($\beta=-0.09$, $p<0.05$, 95%C. I. [−0.165, −0.021])和总体社会情感能力($\beta=-0.07$, $p<0.05$, 95%C. I. [−0.142, −0.004])，隔代自主性可以通过父母自主性正向预测父母报告的自我认知能力($\beta=0.06$, $p<0.05$, 95%C. I. [0.012, 0.114])。其他中介路径均不显著($ps>0.05$，置信区间均包含0)。

三、教师报告社会情感能力的结构方程模型

采用结构方程模型检验隔代教养方式、父母教养方式与教师报告社会情感能力模型。使用偏差校正的百分位 Bootstrap 法直接对中介效应进行显著性检验(方杰等，2012)①。根据理论假设，以隔代教养方式作为自变量，教师报告的社会情感能力作为因变量，父母教养方式作为中介变量，建

①方杰，张敏强，邱皓政. 中介效应的检验方法和效果量测量：回顾与展望[J]. 心理发展与教育，2012，28(1)：105-111.

立结构方程模型。各项拟合指数均符合标准(见表 5-6)，表明结构方程模型与数据拟合基本良好。

表 5-6　各项拟合指数均符合标准

模　型	χ^2	df	CFI	TLI	RMSEA(90%C. I.)	AIC
教师报告模型	151.15***	3	0.974	0.926	0.025(0.021～0.091)	15 290.33

根据结构方程模型结果中的回归分析结果，隔代教养方式不能显著预测教师报告的社会情感能力，但父母关怀可以负向预测教师报告的负责任决策($\beta=-0.20$，$p<0.05$)，父母拒绝可以负向预测教师报告的自我认知($\beta=-0.27$，$p<0.01$)、自我管理($\beta=-0.26$，$p<0.01$)、社会认知($\beta=-0.17$，$p<0.05$)、负责任决策($\beta=-0.22$，$p<0.01$)和总体社会情感能力($\beta=-0.23$，$p<0.01$)。

根据结构方程模型结果(见附录表 5)，可以发现，隔代关怀维度可以通过父母关怀维度负向预测教师报告的自我认知能力($\beta=-0.07$，$p<0.05$，95%C. I. [−0.140，−0.001])，隔代关怀维度可以通过父母关怀维度负向预测教师报告的负责任决策能力($\beta=-0.06$，$p<0.05$，95%C. I. [−0.101，−0.011])，隔代拒绝维度可以通过父母拒绝负向预测教师报告的自我认知($\beta=-0.13$，$p<0.01$，95%C. I. [−0.212，−0.054])、自我管理($\beta=-0.04$，$p<0.01$，95%C. I. [−0.074，−0.011])、社会认知($\beta=-0.09$，$p<0.05$，95%C. I. [−0.168，−0.015])、负责任决策($\beta=-0.12$，$p<0.01$，95%C. I. [−0.194，−0.037])和总体社会情感能力($\beta=-0.12$，$p<0.01$，95%C. I. [−0.196，−0.043])。

隔代过度保护可以通过父母拒绝负向预测教师报告的自我认知($\beta=-0.04$，$p<0.01$，95%C. I. [−0.074，−0.011])、自我管理($\beta=-0.04$，$p<0.05$，95%C. I. [−0.069，−0.008])、社会认知($\beta=-0.03$，$p<0.05$，95%

C.I.[−0.059,0])、负责任决策($\beta=-0.04$，$p<0.05$，95%C.I.[−0.068，−0.006])和总体社会情感能力($\beta=-0.04$，$p<0.05$，95%C.I.[−0.069，−0.008])。其他中介路径均不显著($ps>0.05$，置信区间均包含0)。

四、隔代教养方式对儿童社会情感发展影响结构方程模型

为更好地了解哪个主体报告的结构方程模型更适合解决研究问题，对学生报告、父母报告、教师报告和平均后的结构方程模型的稳健性进行分析。通过比较不同模型的拟合指标(见表5-7)，结果发现，学生报告模型拥有较低的χ^2和AIC，较高的CFI。

表5-7　结构方程模型拟合指数

模　型	χ^2	df	CFI	TLI	RMSEA(90%C.I.)	AIC
学生报告模型	132.90***	3	0.988	0.912	0.039(0.005～0.075)	4529.88
父母报告模型	152.61***	3	0.983	0.931	0.046(0.023～0.092)	5689.61
教师报告模型	151.15***	3	0.974	0.926	0.025(0.021～0.091)	15290.33

因此，在解决当前研究问题时，采用学生报告的结构方程模型可能更为适宜。以学生报告的社会情感能力的结构方程模型结果显示，隔代关怀维度可以通过父母关怀正向预测自我管理、社会认知、负责任决策和总体社会情感能力，隔代自主可以通过父母自主正向预测自我管理、人际交往、负责任决策和总体社会情感能力。

隔代教养方式对儿童社会情感发展影响机制模型如图5-1至图5-5所示。

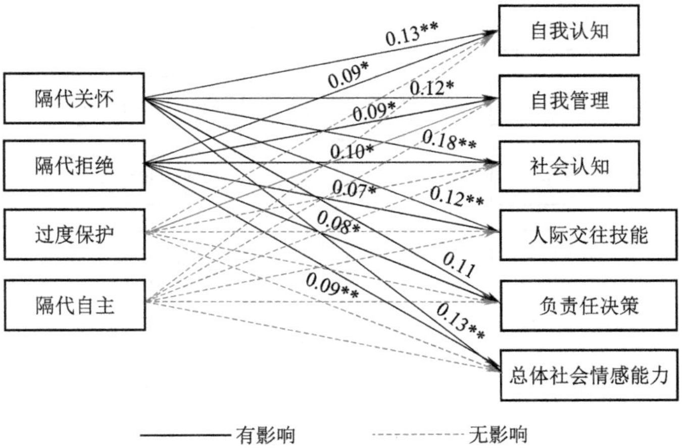

图 5-1　隔代教养方式对学生报告社会情感能力的回归分析

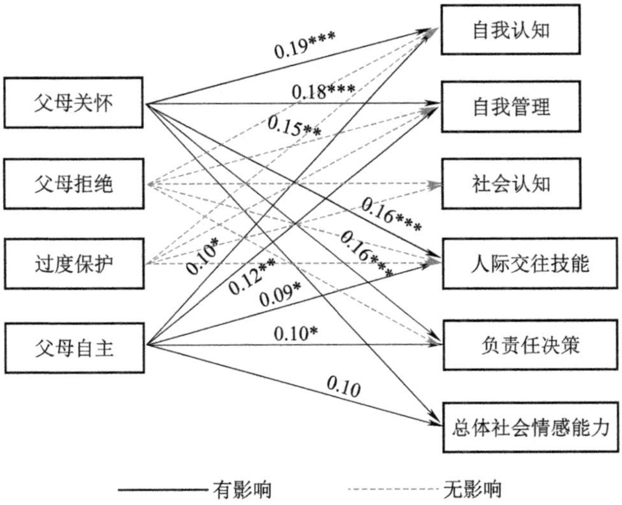

图 5-2　父母教养方式对学生报告社会情感能力的回归分析

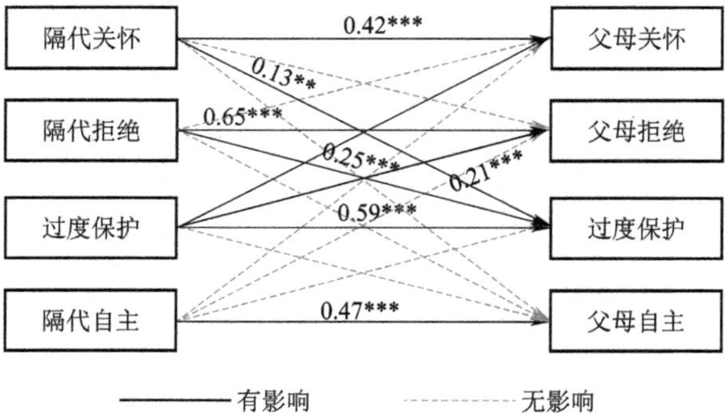

图 5-3 隔代教养方式对父母教养方式的回归分析

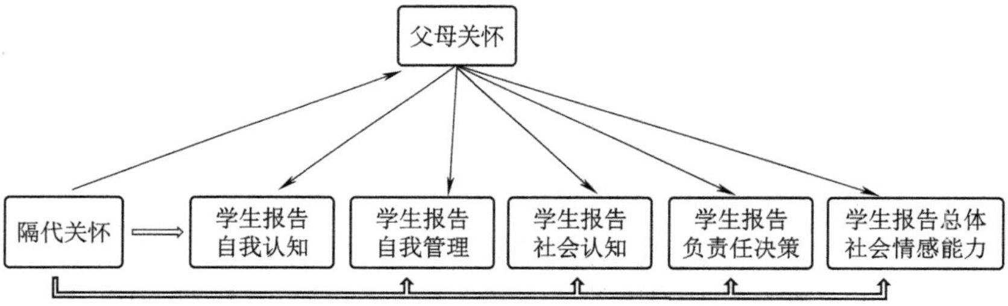

图 5-4 隔代关怀维度通过父母关怀维度对学生报告儿童社会情感能力及各维度影响

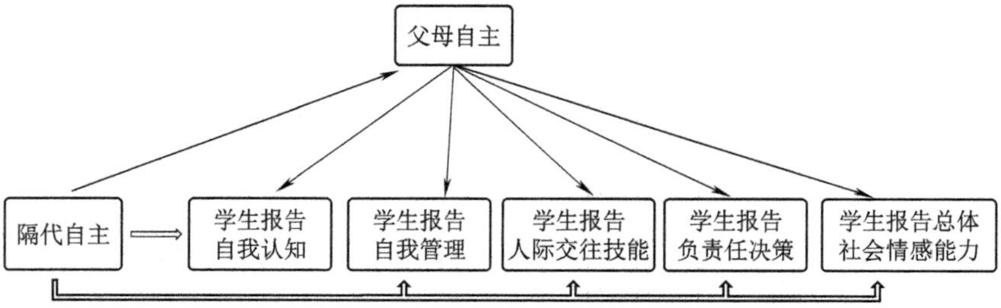

图 5-5 隔代自主性维度通过父母自主性维度对学生报告儿童社会情感能力及各维度影响

第三节　联合教养家庭中隔代与父母教养方式的交互影响

基于量化研究和质性研究的结果，本节将两个典型联合教养家庭的案例作为一个整体加以探讨，通过完整生动的叙述，感受祖辈、父辈、孙辈三代人的互动，理解隔代教养方式和父母教养方式对儿童社会情感发展的影响。

一、以父母为主、祖辈为辅的联合教养家庭

辰辰是一个八岁的男孩，就读小学二年级。在一次校园“突发事件”中走进了研究者的视野。

二年级的两个男孩，虽在不同班级，但一起在南门放学，在排队等候期间发生了肢体冲突。当时，值班老师看到两个孩子抱在一起打，于是立即制止了双方的行为并给予严厉批评，但由于并没有发现受伤情况，随即继续组织放学。当晚，学校领导接到被打男孩父母的投诉，说孩子在校园内遭到欺凌，被同年级孩子逼迫下跪道歉。父母情绪特别不好，并表示要找对方父母理论，说孩子非常恐惧，不断问“妈妈，他会不会还打我”，指责另一个孩子“道德品质败坏，必须严惩”，并要求学校开除那个孩子。学校高度重视，立即组织调取监控，以期还原事情真相。班主任和年级主任找到两个孩子，问清来龙去脉，并把过程全部写了下来。经了解，确实是两个孩子打架，并且“跪”也是事实。打人一方正是辰辰。

学校立刻进行调查，以期了解辰辰让同学下跪的真实意图。一个刚上二年级的学生，为什么会让同学给他跪下？而另一同学为什么就会同意下

跪？“跪”的行为背后真如大人认为的“欺凌”吗？

班主任反映了辰辰在学校的日常表现。班主任说：“辰辰平时表现不太好，跟同学玩的时候经常动手打同学，很任性和叛逆，有较强的攻击性。在课堂上，注意力非常不集中，总是违反课堂纪律，不听老师的教导。有一次，‘偷’拿同学的笔，事后我了解到是因为他喜欢这支笔，又不敢跟他爸爸说，就偷偷地放在自己的书包里。”从班主任的语言和情绪中，能够感受到这个孩子给班主任的日常工作造成了很大的麻烦，班主任也认为这个孩子应该是故意的。

而辰辰的父亲听到这个消息的时候，也不敢相信孩子会有这样的行为。在父亲眼里，辰辰是一个创造力、动手能力都很强的孩子，生活中也很关心家人。当家人生病时，他会嘘寒问暖。父亲一直觉得他很乖巧，很听话。他的朋友也很多，人气很旺。父亲非常困惑，不知道辰辰为什么会这样，也不知道教育上出现了什么问题。辰辰父亲表示，愿意接受对方父母的要求和任何惩罚，甚至包括让辰辰给对方父母和孩子下跪。但是，父亲让辰辰用下跪的形式向同学道歉的想法并没有得到校方支持。校方认为，应该以对孩子发展负责的态度和发展的眼光去解决孩子的问题，要听一听孩子的声音，从孩子的视角去看待和界定这个问题。

辰辰是一个小小瘦瘦的孩子，面对老师和父母时，眼里流露着不安。问他为什么让同学下跪，他说：“我也不知道，我就觉得好玩。我看电视剧里都这样，如果他没打过我，他就该向我下跪。”但现在他知道自己错了。而找到另一个孩子的时候，另一个孩子并没有父母想象得那么恐惧，从他在班里表现出的平和与淡定，相信也没有想象中受伤害那么大。虽然“下跪”的方式确实不应该，但在孩子眼里可能就是一种游戏，或者是一种方式。成人容易用自己的视角和意义去解读，从而进行错误的判断并放大了严重性。以儿童为中心的界定方式，从儿童的发展水平、动机以及可能给儿童造成的长远影响等角度着眼，来判断问题行为及其严重程度[①]，对于纠正儿童的不当行为是非常重要的。

虽然如此，这个事件以及辰辰的日常行为表现，都要引起家庭和学校的重视，父母和教师都要反思和调整自己的教育行为，给予辰辰适时的帮助和引导，促进他的社会情感发展。

从对父亲的访谈中，可以了解辰辰的家庭教育："从孩子出生，我们就与老人生活在一起。因为我们工作比较忙，所以孩子从小到现在都是爷爷奶奶照顾，爷爷奶奶在照顾孩子过程中是无微不至的。奶奶负责照顾生活，爷爷负责接送上学。奶奶做饭菜会换着花样做，孩子喜欢吃什么奶奶就做什么，即使去上兴趣班，也是奶奶做好饭，爷爷提前用饭盒装好带上……爷爷奶奶对孩子非常宠溺，爷爷每天接他，对他总是很温柔很客气，对孩子的不合理的言辞和行为从来不会拒绝或者表达自己的意见。不是非常大的问题，爷爷奶奶一般都是一笑了之。很少教育、批评或者拒绝孩子。总体来说，他们就是溺爱和妥协。这就导致他对爷爷奶奶的态度不太好，对爷爷奶奶说话不礼貌，有时候很不尊重，有时也会冲着他们发脾气。他觉得爷爷奶奶不够现代化，思路跟不上。我们看到我们会管，所以他在我们面前挺听话的，我们不在身边就不太一样。我们也会跟孩子进行沟通，晚上给他讲讲书，陪着他一起睡觉。我们教育孩子还是很严格的，他最怕我们两个。上小学后，妈妈给他辅导作业，但有时候会给他讲很多次，他也不会，虽然会耐着性子，但也会着急发脾气。我们有时也会批评他，但不会打他……我对他比较严格，特别是在品行方面，我觉得学习差能接受，一个拼音、一个单词不会没问题，长大了总是可以学会的，但是品德不端或在品格上出了问题就不行了。刚上一年级的时候，班里同学的东西掉了，他捡起来据为己有，后来被

①王一集.家庭与儿童早期社会性发展：交互发展理论的视角[M].上海：上海教育出版社，2017.

老师发现告知了我们，妈妈听到后伤心得都哭了。没想到这种事情会发生在自己孩子身上。其实，我们当时真的很崩溃。我决定借助这件事情好好教育他，让他知道随意拿走别人东西的行为不对，任何不是自己的东西都不能随意动。”

从父亲的描述中，笔者大致了解了辰辰的家庭结构和成长经历——祖父母主要负责辰辰的饮食起居。奶奶每天都会给他做饭，上课外班前会把辰辰的饭备好，换下的衣服都洗得干干净净，从来不用辰辰自己做。爷爷每天接他上下学、上辅导班。爷爷特别宠溺辰辰，连说话的语气也总是温柔客气的。即使有时辰辰的态度不够尊敬、说话不够礼貌，提出一些不合理的要求，祖父母也不会拒绝，一切听孙子的，答应他的一切要求。即使不合适的行为，爷爷奶奶也不批评和教育，完全不放在心里。所以他在爷爷奶奶面前是“小霸王”，父亲说爷爷奶奶每天对辰辰照顾得无微不至，和辰辰的“仆人”一样。虽然如此，辰辰却认为爷爷奶奶的思想不够现代，也一点不进步，所以对爷爷奶奶说话很不礼貌，有时不顺心还会冲爷爷奶奶发脾气。爷爷奶奶对他的这种态度一直很容忍，也不拒绝，也不表达自己的立场与不满，他们认为这不是大问题。但如果父母在身边，会纠正他的行为，所以他在父母面前很乖。

父母很注重对辰辰的培养和教育，但是因为平时工作都很忙，无暇照顾孩子，所以只能把照顾孩子的事情交给爷爷奶奶。听父亲的叙述，感觉父亲对辰辰期望很高，要求也很严格。在生活中，父母也不会对他多加限制，而是给他足够的尝试空间。比如父亲会买小鸡，让他自己养大并在小区售卖，培养他外向、积极探索的性格。父亲认为，自己是比较克制的，很少会对他大发脾气。比如，母亲在辅导作业时很容易着急，父亲会轻拍母亲的肩膀，提醒母亲注意控制自己的情绪，然后自己去辅导辰辰。事后父母二人也会反思、讨论，调节好在教育上的尺度，不会任由情绪发展。

但是，辰辰的感受不是这样。他认为爸爸妈妈对他的要求很严格，他很怕爸爸。辰辰说虽然爸爸妈妈有时也会批评他，但不会打他。只有一次他在外面玩，没有接到妈妈的电话，回家后妈妈打了他屁股，当时是比较害怕的。相比之下，他尤其害怕爸爸，虽然爸爸没有打过他，但生气时会一连好几天不理他，会皱眉。他觉得爸爸不爱笑，看见爸爸皱着眉头就害怕，不敢和爸爸说话。

据此能够看到，这位父亲能够看到孩子的优点，并且给予孩子很高的要求和期待。他肯定孩子“创造力非常强，拼乐高、做手工等动手能力都很强”，认可孩子的善良，“在家里关心每一个人，如果家里谁生病了，他会不断地去问，不断地确认好没好”，交友能力也很强，“在院子里人气挺旺，跟小朋友一起玩，一起骑车，跟成年人沟通也没有问题”，也关注“孩子的品质”。但是，当被老师反馈孩子的行为后，只有“震惊”和“伤心”，并以成人为中心直接为孩子行为赋予意义并进行界定，给孩子贴上标签，这无疑会对孩子产生很大的影响。并且，在教育孩子时，没有把孩子的成长放在第一位，没有引导孩子学习解决同伴冲突的方法，仅仅用强制的方式让孩子服从，这既不利于孩子解决问题能力的培养，也不利于孩子社会情感的发展。通过父亲的表述可知，母亲在教养中有情绪化的表现，当辰辰有问题行为的时候，母亲会很焦虑，会用“打孩子屁股”等惩罚方式处理，即使有言语教育，大多也是训斥和喝止。通过父母教养行为的表现，可以发现他们对孩子的关注不够多，但是对孩子要求高、给予低自主性，也就是高控制、少关注的特点，可以判断该父母教养方式是典型的专制型教养方式。

父亲还曾质疑辰辰的问题是不是心理问题，征求老师意见要不要看看心理医生。通过父亲对于辰辰的问题行为的归因，能够看出他无法正视和包容孩子的问题。作为父母，一定要认识到，孩子在成长过程中有问题是正常的，问题正是孩子的增长点和发展点。当孩子遇到问题或者产生问题的时候，父母应该深刻剖析原因，找到解决问题的办法。世界上不可能有完美的孩子。孩子的问题才是成长的契机，孩子的发展就是解决问题的过程。

再看辰辰的早期照顾者——爷爷奶奶，他们对孩子照顾得无微不至，衣来伸手、饭来张口。面对孩子的无理与蔑视，采取宠溺和妥协的方式，或者一笑了之。祖辈在孙辈成长中，只养不育，对孙辈爱护有加却缺少指导和期望，这种放任导致孙辈无法从与祖辈的交往中，认识和了解自己的行为对他人的影响，更无法对以后的行为进行指导和修正。溺爱、无怨无悔的付出、没有底线的服务和娇惯、尽职尽责的“仆人”形象、孙辈“最忠实的拥护者”，使得祖辈权威殆尽。所以，他们满腔热血、全心全意伺候大的孩子，尽可无理和蔑视爷爷奶奶，尽可对爷爷奶奶肆意妄为。从互动关系来看影响，祖孙关系由传统理智型的关系转变为一种类似“雇佣关系”，祖辈自我牺牲似的保姆角色，在孙辈面前略感卑微。祖辈给予孙辈无底线和无原则的溺爱、妥协，忽视必要的教育和指导，是典型的妥协型教养方式。

因此，父亲认为辰辰的问题是隔代教养的失败，是爷爷奶奶把他宠溺坏了，把他变得以自我为中心。作为父母也没办法，面对爷爷奶奶的溺爱和妥协，他也很无奈。

理性看待儿童问题行为，对家庭结构和教养行为做出调整和改变，是这个家庭需要做出的选择。学校是家庭教育的问题放大器，一个问题孩子的背后一定是一个有问题的家庭，有一个或几个有问题的父母和成人照顾者。在辰辰的社会情感问题中，父亲与爷爷奶奶的教养方式形成了这个孩子的一些基本想法，“谁让我不高兴了，或者谁碰了我，我就打回去”。父辈和祖辈的方式不同，儿童对待他们的方式也不同。在父母面前很乖，在爷爷奶奶面前不懂尊重和感恩。两种表现，充分说明情感和品质没有内化，仅仅是迫于父母权威和压力的行为，久而久之，致使对待他人和世界的方式也不相同。可见，任性、自我控制差、具有攻击性的辰辰，在面对父亲强权时的退缩、不快乐，就是这个联合家庭教养的结果呈现。

二、以祖辈为主、父母为辅的联合教养家庭

在访谈的学生中，月月的故事最牵动人心，让人感受也最深。他是土生土长的北京孩子，他的家庭又是典型的三代家庭，在祖父母、外祖父母和父母的共同养育下成长。他的成长故事是隔代教养的典型案例。笔者作为研究者，既是局内人，又是局外人。局内人是因为笔者是月月就读学校的领导，曾多次因为月月的不良表现与他本人深度交流，也因此曾多次与班主任和他的父母了解他的情况及表现。在日常学校生活中，笔者同时又是一个观察者，每天与学生朝夕相处，他的表现和行为时常会在面前出现。当笔者作为研究者与他正式接触时，就变成了局外人，从研究者的视角全面了解、观察和研究他及其家庭，试图从理论的视角分析和解释他的社会情感水平及其原因。

下面将月月的故事以不同视角进行完整叙述，希望通过他的成长经历和行为表现，进一步深化对儿童社会情感发展的理解，加深隔代教养方式对儿童社会情感发展影响的认识，从而综合具体地呈现本书的主题。

1. 老师眼里的“小顽童”

月月是六年级的学生，原来就读于一所公办学校，在四年级时转学到现在的学校。他的个子属于同龄人里比较高的，胖嘟嘟的小脸上总是挂着笑，说话声音很大。在校园里如果看到一个晃晃悠悠走来的男孩基本上就能够断定是他，旁人也经常会被他的声音吸引。

一转来，他的表现与行为便引起了老师和同学们的关注。课堂上不听课，经常接话茬，或者发怪声，扰乱课堂秩序；在宿舍里，不按时午休，别人睡

觉他说话，经常串宿，违反宿舍纪律；课间活动时，跟同学打架，每次都是因为他话多，激怒同学后打起来。到了五年级，在一次升旗校会上，他一下成为全校焦点——德育主任在升旗校会上对学生行为规范进行教育，其间，在与同学们互动中问："前两天，我给同学们讲了什么还记得吗？大家学会了什么？"同学们都说："应该遵守校规校纪。"只有他在队伍中发出了异样的怪声，全校师生立刻循声望去，他却站在那里念叨着："我怎么了，看我干什么！"他经常发生这种不分场合的不恰当的行为。班主任多次找父母反馈他在学校的表现，母亲表示在原来学校也这样，曾带他去看过心理医生，但是效果不明显。学校领导也请父母来到学校以便了解他在家的情况和他的成长经历，并多次找月月谈话，规范其行为，有效果但是坚持的时间并不长。班主任也很了解他，并一直在帮助他。

据班主任的描述，月月的课后辅导班很多，他觉得上课的内容自己都会，于是上课就不听讲，也不按照老师要求练习。比如，数学课上他认为自己学完了，都会。老师让拿东西也不拿，口算本带来也不做。英语练习也是一样，虽然带了，但就是不做。老师强制要求他，他会慢腾腾拿出来，可能也会写一点，但非常不主动。他只重视结果，但是结果也不好，学习这一块有很大的退步。他的思维能力很强，四年级时上课还特别活跃，但到了五年级就已经是一副满不在乎的样子了。进入六年级以后，他一直处于一种"摆烂"和"游离"状态。上语数外还稍微有点约束，但是其他科目就完全不受控制了。整体作业完成情况也不好。当班主任找他谈话的时候，他说："老师，我的智商可高了，我非常聪明的，这些我全会。"关于分数乘法的作业，全班就他一个人不会。班主任叫他过去改一改，他刺溜就跑了。班主任称他像个"小顽童"，一叫去办公室，就捉迷藏，跟老师玩似的，趁老师不注意偷偷就跑了。

他上课说话影响到其他同学听课，有同学会说他："月月，别说了！"他一听，反应更大了，有的时候会骂骂咧咧，有的时候就嗷嗷叫。班主任私下里跟同学们做工作，让同学们尝试着不去理他，不去关注他，他可能就会好一点。但是，学生们年龄都一样，甚至有的比他还小，所以有些学生会不自觉地看向他并起哄。那他的反应就会更大，上课的时候就经常性地出怪声。

五年级下学期，他在班里经常说脏话。班主任说，办公室挨着班级，他根本不避讳老师，说出的脏话不堪入耳。当老师要跟他谈话时，他表现出一副无辜的样子："老师，我又咋了？"虽然关于说脏话的问题谈了几次，但是也没有克制的迹象。班主任了解到，他的父母和家人都是文化人，很少说脏话。从同学那里才了解到，原来寒暑假时，他在爷爷奶奶家待的时间比较长，打游戏打得比较多。他经常跟别人联机打游戏，边打边说脏话。班主任告诫他不要说脏话，有几次也试图制止，发现他是可以控制的。就像他自己说的，在阅读课上，因为他喜欢看书，又看自己喜欢的书，他能一节课安静地看。班主任给他的评价是："当同学对他的行为做出反应的时候，他常常会不分场合就开始回击，他的本能就是回击。他控制不住自己，可能是他自己本身控制不住，而且也不会尝试着去控制。"

班主任也了解到，寒假期间，他住在爷爷奶奶家里，每天中午都打游戏。在家访时，班主任问他："中午正是爷爷奶奶睡觉的时间，你打游戏不怕影响他们休息吗？"他说："反正我又没说话，我只打游戏。"班主任让他帮着爷爷奶奶干点家务活，他无所谓地说："没啥干的呀，我只能打游戏。"

班主任对他的表现和情况非常了解，也非常担心他。班主任说："即将步入初中的他，与小学阶段会有很大不同。在小学时，因他个子较高，多数同学身形比他矮小，即便偶有推搡，也多是些瘦弱的孩子，而且大家都很单纯。但到了初中，他的行为就会略显稚嫩，同龄人中那些较为成熟的孩子，很可能会欺负他，或者至少会把他当作调侃的对象。"

班主任认为，从他目前的状态来看，在心理上还不会受太多影响，因为他知道大家不会不跟他玩。“但是到了初中之后，因为他自己也在长大，如果同学长时间把他当成‘异类’，他心里一定不舒服，但他又不会表达，那样就会受到很大的伤害。现在六年级了，我们需要为上中学做些准备，应该用心指导他做一些改变。说实话，我真挺担心他的。他是一个心胸宽广的孩子。同学之间磕磕碰碰，有的孩子会受不了，但他真就无所谓，很不拘小节。所以，我想他这样肯定与家庭教育有关系，他沉浸在自己的世界里，不受外界太多的影响，想不了太多，心思很大”。班主任担心他上初中之后，可能会因为被同学取笑而困扰。他现在学习不错，自己也不是很重视这些，他认为用这种方式回击别人他也不吃亏。但是，因为这样，自己已经成为那些同学的笑话，同学想逗逗他，他就故意去追、去打，就成了“搞笑”对象。

虽然他像个小孩子，但是老师们并不是很讨厌他，也没有因为他的行为就很烦躁，包括笔者自己，只是对他初中阶段的生活忧心不已，总想着趁现在多帮帮他。

所以，班主任指出，目前他家里的关注焦点都在学习上，他自己也知道学习上没什么问题，尤其是语数外都还不错，所以对目前的状态也挺满意的。但是，父母和家人对人际交往这方面关注得不多，他自己也不太重视，就没意识到这方面更应该学习和改进。

2. 同学眼里的“小动物”

在访谈中，班主任评价月月是个大大咧咧、“不拘小节”的孩子。他会“当众挠屁股”，同学在一起活动或者一起玩的时候，他不管身边谁在，感觉哪里痒了，就会直接挠，完全不避讳周围的人。他也没有男女生的概念，对女同学说话也没有分寸。有一天早读，他不学习，就在那儿东张西望，课代表让他拿出书来早读。他极不耐烦地说：“你再说我，我就让你难堪！”女同学当时就气哭了，非常不理解他怎么能说出这样的话。

月月的幼稚、散漫以及“不拘小节”的行为，老师们能够理解并接纳，也希望帮助他。同学们在私下里都说月月就是个三岁的小孩，大部分同学也不跟他计较。班里比较成熟的男生认为他心智不太成熟，跟个小孩子似的，压根不理他，也很少跟他玩。这些孩子在家里基本上都是哥哥，都比较成熟，所以就算在一起玩，也基本让着他。但是，也有一些孩子故意去激怒他，或者逗他。他们认为，大家都是同龄人，他跟我一样是孩子，我凭什么让着他。

其中，班里就有这样的一个男孩“小猴儿”，他又瘦又小，除学习好以外，各方面在班里都不占优势，虽然没人欺负他，但也很少有人搭理他。就是这样一个小男孩，却总故意招惹月月，两个人经常纠缠到一起，拉扯不清。“小猴儿”有机会就会挑衅月月，故意激怒他，拿他寻开心，给他画丑照，起“防腐剂”的外号。“防腐剂”被大家叫开了以后，“小猴儿”经常往他桌子上放东西捉弄他。但是，月月的态度是愿意叫就叫，要么骂回去，要么只听听而已。一天，月月发现自己的桌子上放着一样东西，可能怕同学又捉弄他，出于对自己的保护，他既不看看是什么，也不问问是谁的，直接就朝讲台扔去，正好班主任站在那儿，直奔班主任的脑门飞了过去。同学们都说他经常沉浸在自己的世界里。

即便如此，“小猴儿”仍能看到月月的闪光点，在逗趣玩乐间，竟觉得他俩才是不相上下的一对儿。一次，语文老师找月月背课文，因为临时有事就耽搁了一会儿。“小猴儿”看见月月这么久还在老师那儿，就凑过去说：“太磨叽了，我三分钟就背完了。”月月完全没理他，眼里就跟没他这个人似的。老师及时制止了“小猴儿”的挑衅，问道：“你为什么找月月做你的对手？”“小猴儿”说：“月月特别聪明，在班里，智商能跟我比的只有月月。”月月也非常自信，认为自己的智商很高，并认为自己学习好、聪明就行，其他不重要。所以，对于与同学的交往问题，以及同学对他的取笑都不太在乎。比如，上课影响课堂秩序的时候会遭到同学的呵斥，不恰当的行为会让同学感到不满，还有的同学会故意拿他开玩笑，他骂回去觉得自己没吃亏，就不放在心上了。就是这样大大咧咧的性格，既让他在同学眼里像“小动物”一样幼稚，同时也保护了他自己。即使成为班里的笑话，他也不在乎。至少在小学阶段他不当回事儿，也觉得跟玩似的。所以，班主任才会担心，怕他上了初中，真的会有个别男生故意戏弄他。如果时间长了，他肯定受不了。

他总是生活在自己的世界里，在家里他非常自由，想干什么都可以，但是到了班里，他很难与他人相处，也不会交往。特别是在校规校纪面前，他更没有规则意识。所以，看了这些行为及其表现，完全可以理解班主任的担心，确实不无道理。

3. 家人眼里的“小霸王”

在访谈中，月月的母亲在描述他在家里的状态时，用的第一个词就是“有恃无恐”。他一直是由祖父母、外祖父母、父母轮流照顾。白天由四位老人带，晚上跟着妈妈回家。小的时候，周一到周五在爷爷家，周六和周日在姥姥家。上学后，周一到周三放学被接去爷爷家，周四和周五放学被接去姥姥家。谁家也不能少去，更不能不去。妈妈只能下班后再把他接回家，三家住得也不近，妈妈开车三家跑。在四位老人中，爷爷和姥姥最宠溺月月，要什么给什么，怎么高兴怎么做。所以，在姥姥家，有姥姥做依靠，谁也不能说，谁也不敢说。因为姥姥在家里最有权威，说一不二。月月的母亲说：“我妈很霸道，因为这事我爸气得几次想跟她离婚。我就更不敢跟我妈说了，只好由着她。她特别重男轻女，所以对月月更是疼爱有加。有时候月月见到姥爷不打招呼，或者姥爷看不惯的地方说他，姥姥都会训姥爷。爷爷奶奶碍于我妈的‘权威’也不太管月月。相对来说，四个老人中只有奶奶管月月，但是这个管也只是稍微说说。有姥姥做靠山，仗着姥姥的袒护，这孩子言行无所顾忌，简直是有恃无恐。”

月月在家里被照顾得特别好，喜欢吃什么老人就做什么，所以月月严重挑食，不喜欢吃的一口都不吃。“老人帮助和包办比较多，月月基本什么都不用干，什么也不用管，想什么有什么”。所以，月月的母亲非常形象地形容他是“集宠爱于一身”。姥姥最关注的就是，让月月读书。从小到大，只要他按时读书，就完成了全部的事情。所以，现在月月也喜欢读书，从小到大也养成了阅读习惯，读了很多书。在私下里聊天的时候，他会滔滔不绝地讲，但是让他分享的时候，虽然内容准备得很充分，PPT 也做得特别好，却不敢说，也不会说。

父母在教育中只负责学习，主要还是由母亲负责，父亲工作忙，几乎什么都不管。迫于整个家庭对月月学习的关注，也为了让孩子在学业上可以突出，母亲给孩子报了很多辅导班。当问她为什么报这么多班时，她说也没想那么多，就觉得该报就报了。辅导班在学习上具体起了多大作用，或者月月在校表现是否与辅导班有关也没太想过。当问到怎么看待祖辈的教养方式时，她的眼泪一下涌了出来，“怎么说呢”是她重复说的一句话。话语里有纠结、无奈和失去掌控的感觉。特别是谈到自己的母亲时，她哭得更是不能自已。她说她也是奶奶带大的，也没有人特别地管过她，也不太管。现在，她很想管自己的孩子，她希望月月在学习上更优秀，希望月月能更好地融入集体，但是她母亲的强势，在家里的绝对权威，使她不能也不敢管，她叹了口气说：“没办法！”因为上学后经常被老师请到学校，要面对孩子在学校里的问题，她特别着急和焦虑，也带着孩子去看了心理医生，并吃过一年的药进行干预，但是药物明显对孩子伤害很大，而且停药后还是如此。从谈到孩子开始一直到结束，母亲一直不停地在哭，她也一直在努力地引导着孩子。比如，孩子在家里说：“有同学给我画丑照或者起外号，我觉得必须反击，要不然我就吃亏了。”母亲也引导过：“像画丑照这种很小的事，你反击你就又犯错误了。”但他也不知道应该怎么反击，只能用推人或者骂人这种方式，不过最终还是没有解决问题。至此，笔者深刻体会到这位母亲在教育中的“孤立无援”。

4. 自己眼里的“高智商”

月月在课堂上不怎么听课，他说是因为老师讲的自己都会。而且，他背东西背得特别快，接受能力也很强。因为从小养成了阅读习惯，也看了许多书，所以聊天的时候总能滔滔不绝。月月经常会跟老师和同学说：“我特别聪明，我的智商可高了！”他对自己的智商非常自信，同学们也认为他是一个智商很高的孩子。

他不觉得自己在其他方面有问题，即使有问题也不是大问题。他说：“我哪里都没问题，我也不承认自己控制不住。”他给班主任写了保证书，包括这样三个毛病：“第一，上课不好好听讲，随便接话，总是与他人交头接耳。第二，骂人的坏习惯。因为有时候别人主动挑衅我，大多数时候我会告诉老师，但有时候我也会直接骂他们，今天我认识到这种方法太鲁莽，不能解决问题。我发现骂完他们之后，他们该咋过还咋过，基本对他们没有影响，反而影响了我在同学心目中的形象，这种结果得不偿失。第三，就是我的作业。我写作业时经常开小差，不认真写，导致我的作业质量欠佳。有时，我即使认真写了，但没按照老师要求写在本上，以至于还是不合格。以后，我在做作业时要全神贯注，不开小差，改正丢三落四的毛病。虽然我还有不少毛病，但都属于个人习惯，与课堂和学习无关。”

在他的保证里，核心观点就是“个人习惯与课堂和学习无关”。这说明了月月对学习的重视。他认为学习上的问题才是问题，而行为习惯不是“大毛病”。

月月的母亲和老师都说了同一件事情，那就是月月的口头禅“丢死人了”。母亲说：“月月很爱面子，他被老师请了父母以后，我带着他到学校，他不肯下车，就坐在车上哭，说怕被同学看见，‘太丢人了’。”班主任也说：“每次叫他去办公室或者找他谈话，他都会说‘太丢人了’。”所以，母亲和老师都说，大大咧咧的月月还是很在意别人的评价和眼光的。

通过班主任的讲述、学校管理者和老师们的日常观察，以及月月母亲和月月自己的评价，不难看出月月的规则意识淡薄，没有意识也没有能力控制冲动，缺少关注和同情别人的能力。错误的认知使他不能够修正自己的行为，也不知道怎样替代不正确的行为，这导致他在老师眼是个“小顽童”，同学眼里像只“小动物”。他的这些问题充分体现了他的社会情感发展问题，使得老师和母亲对他的未来都感到担心，不知如何教会他行为独立且得体。

三、隔代教养方式对儿童社会情感发展的影响解读与分析

研究选择这两种具有代表性的家庭（以父母为主、祖辈为辅的联合教养家庭和以祖辈为主、父母为辅的联合教养家庭）进行个案分析和解读，进一步验证了隔代教养方式和父母教养方式对儿童社会情感发展影响的作用。

面对儿童社会情感问题，父母和老师一般会认为“这孩子不懂事”“这孩子太任性了”“这孩子控制力太差了”，一般会把责任都归结于“这孩子……”归结于孩子自身问题上，从孩子身上找问题的原因。其实，孩子的问题行为特别是孩子的社会情感问题行为，大多可以从孩子的成长环境和教养方式中找到根源。上文提到的让同学下跪的男孩辰辰，当知道自己犯错误，要找父母来学校时表现得特别紧张。他说他非常害怕父亲，他希望是母亲来。父亲虽然没有打过他，但父亲生气时会一连好几天不理他，会皱眉。孩子说：“我每次害怕的时候，都会想，我为什么要来到这个世界呢？”孩子“想到

父亲会害怕，不敢和父亲说话”。他现在知道自己惹祸了，所以不希望父亲来，也不想跟父亲说这件事。这足以说明，这位父亲给孩子的压力很大，在孩子犯错的时候，他最大的恐惧来自父亲。家庭教育专家孙云晓曾说过，好的关系的底线是，当孩子遇到麻烦或危险的事情时，看他是否敢告诉父母。因此，分析儿童的问题行为背后的原因，需要兼顾成人和儿童两个方面，这样才有助于对儿童行为的发生和发展有更全面的了解。

而当孩子的社会情感问题出现的时候，辰辰的父亲和月月的母亲直接认为是老人惯的，是隔代教养方式的影响，而没有反思自己作为父母的职责和如何改善家庭教养方式。

辰辰的家庭结构关系可以用图 5-6 进行呈现和说明。

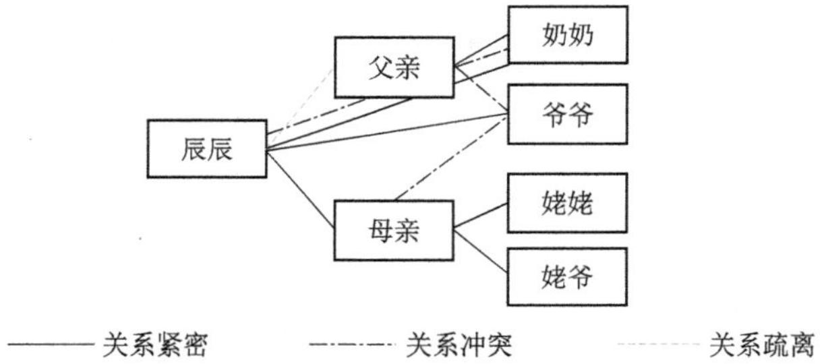

图 5-6　以父母为主、祖辈为辅的联合家庭结构图

下面来分析一下辰辰的父母、祖辈的教养行为及其影响。

辰辰平时和父母、祖父母一起生活，是在以父母为主、祖辈为辅的组合家庭中长大的。父母都是大学毕业留在北京的技术工程师，平时忙于工作，没有时间照顾孩子，所以就将爷爷奶奶接来北京，负责照看孙子。

辰辰行为的背后是家庭教养方式的问题，父母和祖辈在教育方式上都需要做出改变。首先，父母严格、高控，对孩子期望很高，很注重孩子自主性的发展，但对孩子的行为缺少及时的指导和促进好的行为的策略。当孩子遇到问题的时候，父亲缺少对孩子的理解和同情，只是从父亲角度教会孩子要对自己的行为负责。比如，父亲要辰辰用同样下跪的方式去给另一个孩子道歉，这种看似是教会孩子负责，看似严格的教育，其实是对教育的一种误读，同时对孩子也是一种伤害。当老师给父亲讲明这样的行为可能对孩子造成伤害的时候，父亲才恍然大悟。可以看出，这位父亲的职业超理性影响着他的家庭教育方式。

其次，父母没有时间，只能交给爷爷奶奶照顾，所以即使意识到爷爷奶奶宠溺放纵不好，只是觉得无奈，也没有采取积极的行动，以调节祖辈教养方式对孩子的影响。而爷爷奶奶认为，在儿子家待着帮忙照顾孙子，必须为孙子做好服务，一切听孙子的。爷爷奶奶从没有想过自己不仅是孙子的早期照顾者，对孙子的成长和发展也负有一定的责任。其实，这份责任就是在照顾之余，投入精力引导他的社会行为，使其更好地适应环境和社会，使其健康成长和快乐发展。最终，爷爷奶奶也没有想过自己的实际行为在影响着孙子。本着对孩子成长和发展负责任的态度，爷爷奶奶也应该调整教养行为。

父辈对祖辈的妥协，祖辈对孙辈的妥协，祖辈宠溺、放纵，父辈严格、高控。辰辰生活在两种截然不同的教养方式下，在父母强势压力下听话乖巧，在祖父母的万般宠溺下，嚣张跋扈。这种代际态度和方式形成了鲜明对比。在两种极端方式、两种不同的情境中，很难将好的习惯和行为内化，最终导致儿童成长为两面人。学校就像家庭教育的一面镜子，当儿童离开他的生活环境来到集体中的时候，虽然他在学习上表现不错，但是他的规则意识、情感感受力、情绪调节和控制以及攻击性等问题都会暴露无遗。这也是很多三代家庭中家庭教育的写照。可见，父母与祖辈在教养方式上的不同会影响儿童社会情感发展。

此外，祖父母和外祖父母的家庭教养方式的不同，也同样影响孩子社会情感能力的发展。例如，祖母、外祖母教育上有分歧。姥姥惯着，奶奶严格，孩子在姥姥家和在奶奶家的行为表现不一样，姥姥和奶奶彼此都不满意对方的教育。父母面对两边的老人都很无奈，没有主动去调解和统一教育理念和方式，只是任其发展。教育理念的不一致，教养方式的不同，不仅破坏了和谐的教育氛围，而且不利于儿童行为的内化，更不利于儿童社会情感的发展。

还有一种情况是祖辈走向另一个极端，祖辈在家庭中处于弱势地位，父辈处于强势地位。父辈是孩子的教育主导，祖辈只负责照顾生活。祖辈也认为教育孩子是父辈的事，自己不管也管不了。所以，他们忽视孙辈在行为习惯上的培养和教育，也忽视对其情感上的引导。但他们又是长期陪伴在孙辈身边的人，他们在教育上的不引导，使得孙辈很难形成得体的行为、积极的社会情感。有的祖辈发现孙辈的行为有问题，会告诉父辈。结果父辈回去就批评教育，根本不注意方式方法，但是祖辈就成了“打小报告”的人，更难以赢得孙辈的尊重。祖辈也知道孙辈有问题，为了讨好孙辈，会帮助隐瞒或者包庇孙辈的错误行为。祖辈是儿童的早期照顾者，他们的溺爱、过度保护、放任等教养方式对儿童成长有着消极作用，而如果父辈也放任其发展，在自主性上给予极大的空间和自由，发现隔代教养问题和儿童行为问题不能及时纠正和调整，也会影响儿童的成长和发展。因此，父辈需要进行关注和调节，发挥家庭的主导作用，而且祖辈要与父辈积极协调和配合，双方统一思想，协同教养方式，及时发现问题，即时做出反应，发挥祖辈在孙辈教养中的积极作用。

此外，祖辈管孙辈不听，父辈建议祖辈只照看生活。“反正我爸让他写作业，他也不会写，我就叫我爸只看着孩子玩耍，我妈有时候还管孩子学习，但平常也说不动。可能他跟我爸妈接触时间比较短，因为我们长时间跟姥姥住在一起，姥姥平常也不怎么管孩子。他的作业，都是我们自己检查。老人管孩子的方式和我们不一样，他们主要就是哄，吃饭也要哄着吃。跟在孩子后面追着喂饭。我们不允许他们这样做，但是也不管用。爷爷奶奶只想当好人”。

而月月的父母缺位、祖辈错位和越位，直接影响了对月月的养育方式。月月的家庭是典型的以祖辈为主、父母为辅的联合教养家庭。月月的社会情感问题，不仅源于姥姥和爷爷过度强势和溺爱带来的育儿控制问题，其中还有教养环境的不稳定等原因。

月月的家庭教养方式对月月社会情感发展的影响如图 5-7 所示。

从访谈中得知，在月月的教育上，姥姥具有最高权威，主要以姥姥为主，姥姥对月月宠溺有加，只要月月按时读书，其他什么事情都可以做，即使不恰当的行为，也可以被允许和包容。而在爷爷家，爷爷最有权威，也非常宠溺月月。所以，在这两个人的袒护下，月月在家里才能有恃无恐。他在生活上被照顾得非常周全，想吃什么就只吃什么，所以严重挑食，只吃喜欢吃的，不喜欢吃的一口都不会动。在假期和课余时间，月月会长时间打游戏，爷爷奶奶和姥姥姥爷也不会制止。老师反馈给他母亲后，他母亲很着急，跟老人们商量“不能玩游戏了”，但根本无济于事。有时候因为没有礼貌的行为遭到姥爷提醒，姥爷就会遭到姥姥训斥。姥爷和姥姥在生活中有很多冲突，但姥爷也只能忍耐。很明显，无论是月月的姥姥姥爷，还是爷爷奶奶都属于放任型教养方式，他们忽视月月的任性，对月月的现在和未来都没有要求，只要开心就好。

作为第一监护人的父母，父亲对月月的情况基本不闻不问。母亲在教育月月上则是心有余而力不足。月月的母亲因为碍于姥姥的强势，不能也不敢管月月，无法做到及时教育和引导。小的时候，没有时间管；大了以后，不让管也不会管。月月学龄前的教育几乎全部交给了祖辈，亲子时光非常短暂，缺少母亲的陪伴。入学后，月月的问题行为越来越突出，母亲只好带

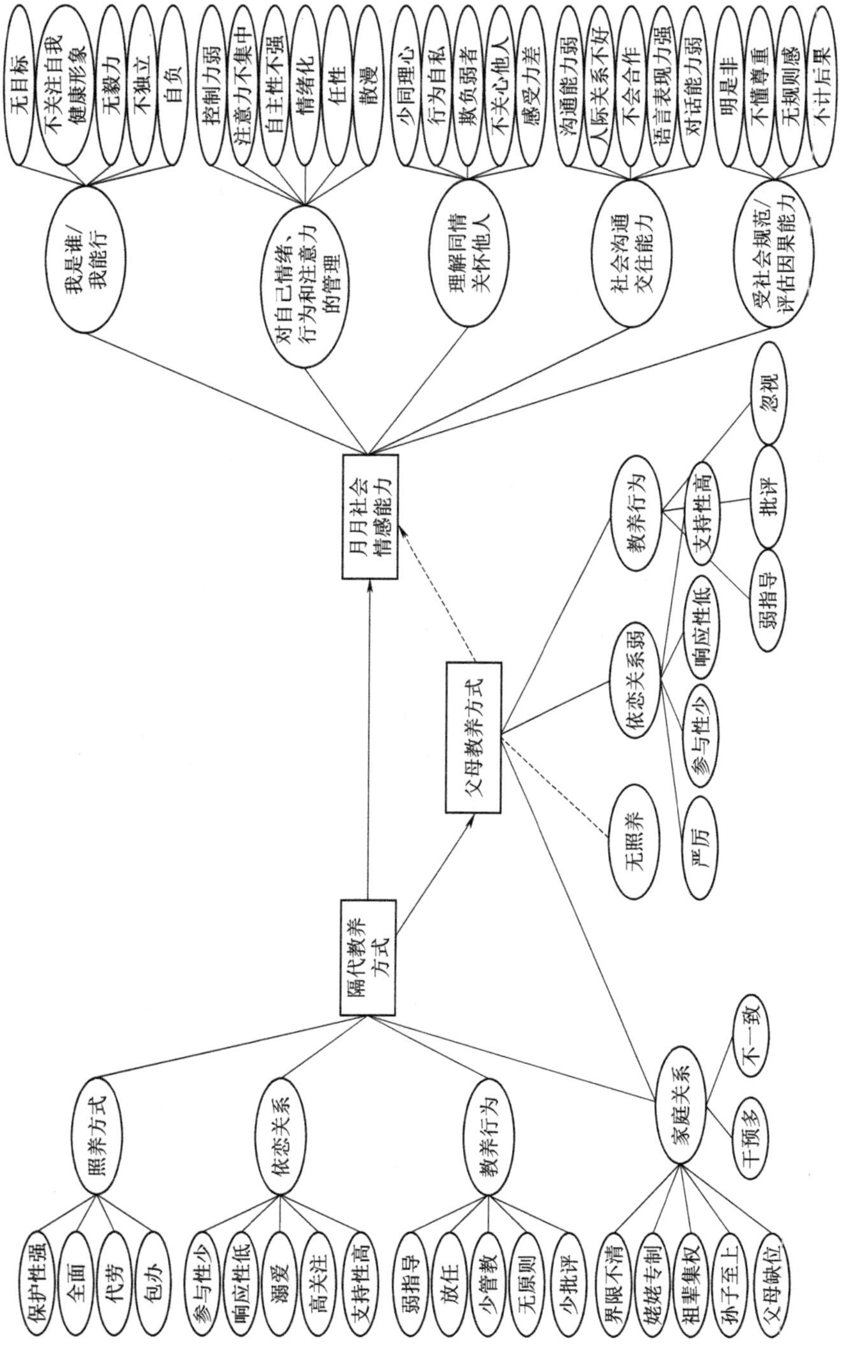

图 5-7　隔代教养方式对月月社会情感发展的影响分析

他去看心理医生。但是,从对月月的日常观察和交流过程中发现,月月不是心理问题,更多的是养育方面的问题。这个判断主要基于月月在学校发生的几件事情及其日常表现,事实也验证了这一点。通过学校的教育、老师的言语指导、母亲的陪伴和引导,月月的行为也在发生改变。即使意识到月月在学校的行为和问题很严重、为了月月也需要调整家庭教养模式,母亲也只能表示很无奈。访谈中,月月的母亲提到自己的母亲的时候,禁不住流泪,反复在说"没办法"。可见,姥姥的强势和专制使母亲无法对自己的孩子实施教养行为,她只能在接孩子回家,或者是上下学路上的短暂亲子时间里,通过劝导来表达自己对月月的期待。另外,月月的母亲负责月月的学习,为他报了很多课外班,直升机式的养育方式让他错误地认为只要学习好就是好,只有学习上的问题才是问题,这导致了他规则意识差等问题。下面通过图 5-8 来解析月月的社会情感问题行为及其背后家庭教养的影响。

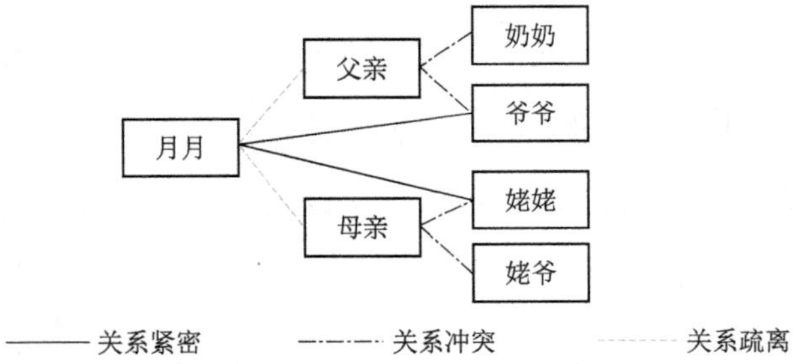

图 5-8　以祖辈为主、父母为辅的联合家庭结构图

从月月的家庭结构关系不难看出,月月以自我为中心、冲动、放任和认知水平低等社会情感问题,其根源不仅在于教养方式的不当,更与成长环境中不稳定因素的长期影响息息相关。这也说明,除了教养方式,还有很多其他影响因素。只有综合全面地、情境化地考量这些因素,才能锁定儿童行为背后的根源。

在访谈中，还有一种以父母为主、隔代为辅的联合家庭，如图 5-9 所示。

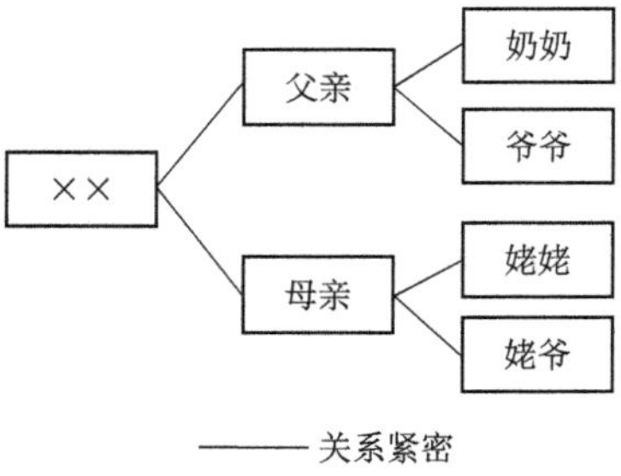

图 5-9　以父母为主、祖辈为辅的联合家庭结构图

这类家庭的分工明确，界限分明。一般是奶奶或者姥姥负责生活，父母负责学习和教育。奶奶或姥姥会帮助孩子做一些事情（比如洗衣、做饭等），但孩子自己的事情需要自己做，自己负责自己的事情。当孩子做错事情时，祖辈也会批评孩子，但平时会很慈爱，很有耐心。祖辈认为自己的最高标准是照顾好孩子，大家高高兴兴的，所以只管生活，或者陪着玩，教育的事情以父母为主，也不干预父母教育。祖辈的态度决定了父母教育的主导作用，在生活中还是教育上如果有什么分歧，以父母意见为主。或者通过沟通和讨论，谁的意见和建议有利于孩子成长就听谁的。同时，父母会非常注重树立祖辈在家庭中的权威，培养孩子对祖辈的敬畏之心。父母对祖辈的教育很认可，也很放心。可见，主张权威型教养方式的家庭氛围很和谐，教育上基本能够实现一致。在主张权威型教养方式的家庭中成长的儿童，不仅学业水平较高，而且生活自理能力较强、性格开朗乐观、情绪较稳定、交友能力也很强，能够实现全面发展。

在影响因素中，还有儿童自身的一些因素，比如儿童存在感和内疚感的建立。存在感让儿童渴望成人的关注和肯定，内疚感让儿童对成人的否定感到沮丧和悲观，从而自信和自尊不足，进而催生儿童情感和行为问题。纠正这些问题就要求成人了解儿童成长发展规律，既能及时发现儿童问题，又能及时准确地给予回应。比如，就儿童的情绪管理问题，不同年龄、不同阶段的儿童都有着不同的情绪问题。在教师对学生情感问题观察中，普遍认为，情绪问题是儿童面临的最大问题。二年级的学生在同学互动中遇到矛盾时会大喊大叫；三、四年级的学生更喜欢追跑打闹；五、六年级的学生会升级为打架。可见，情绪问题存在于孩子成长的每个阶段。儿童情绪的迅速转变，通常被认为是这个年龄阶段儿童的典型特征（Gonzalez-Mena 等，2000）。如果能够理解儿童情绪的特点，就会理解儿童的行为。其实，有些问题并不是问题，而是成长中必然出现的经历，有经历才能成长。这个成长不仅是自己的成长，还有对他人和社会的认知的发展。因此，要用发展的眼光看待儿童情绪。

第四节　儿童情感社会化的代际传递与动态轨迹

儿童社会情感发展的代际传递绝非单一教养主体的线性投射，而是祖辈与父辈在文化惯习、情感表达与权责边界中持续博弈的动态产物。既有研究往往割裂式探讨隔代教养或父母教养的独立效应，却忽视了两者在时空叠合中的协同、竞争乃至对冲关系——这种代际互动的“复合态”恰恰构成了儿童情感社会化最真实的培育土壤。本节将通过构建影响机制模型，系统解构教养组合模式对儿童社会情感发展影响路径，并基于中国家庭代际分工的“弹性共生”特征，提出代际教养效能最大化的动态适配框架，为破解“代际教育断层”提供理论导航。

一、隔代教养与父母教养的代际传递

通过回归分析可以发现，隔代教养方式中关怀维度可以显著正向预测父母关怀维度与父母过度保护维度，隔代拒绝维度和过度保护维度可以正向预测父母拒绝维度与父母过度保护，隔代自主性维度可以显著正向预测父母自主性。这与假设一致，作为“新手”父母，缺少养育孩子的经验，面对孩子的表现和行为不知如何应对，父母倾向于使用与自己父母的教养策略或行为相似的方式养育自己的孩子，主要表现在尊重、温暖、沟通、严厉、过度保护等方面①。如果父母在自己成长过程中受到了更多的关怀，他们在成为父母后也更有可能表现出更高的关怀和自主性；父母在自己成长过程中受到了更多的拒绝，他们在成为父母后也更有可能表现出更高的拒绝行为；父母在自己成长过程中受到了更多的过度保护，他们在成为父母后也更有可能表现出更多的过度保护行为；父母在自己成长过程中获得了更多的自主性，他们在成为父母后也更有可能表现出更高的自主性。质性研究结果也证明了这一点，一部分父母教养方式的仍然停留在第一层次上，更多地接近一种本能，即父母如何对待他们，他们就如何对待孩子。

然而，还有一部分年轻父母，特别是“北漂”一族，他们所经历的一切不同于他们的父辈、祖辈和其他年长者，他们为适应大城市的生活，尽可能地接受大城市的变化，为了让自己的父母也一起迁居大城市并适应大城市，必须迫使自己的父母接受“什么是标准行为”的解释。但是，对于祖辈，其面临的是先前行为方式的丧失。米德（1987）②提出，新时代的发展变化可能会

①王俊华. 父母教养方式的代际传递性及婚姻满意度的中介作用分析[D]. 北京：北京师范大学，2011.

②米德. 代沟[M]. 曾胡，译. 北京：光明日报出版社，1987.

激发祖辈与父辈之间的矛盾，祖辈难以舍弃旧的教养方式和习俗，而父辈了解更多教养方式的可能后不愿意回到原生家庭的教养状态中，这种两代之间的不一致更易产生冲突与对立。这种冲突在三代家庭的教育中非常明显，教养观念、教养方式不一致，导致家庭教育力量的分解，弱化了他们对儿童的教育影响。如果祖辈不想落伍，就要舍弃部分前喻文化的教养行为，保留其中可以借鉴的并喻文化成分，发现那些通往未来之路的后喻文化。祖辈一边要接纳和改变自己的教育行为，一边要虚心向父辈学习，利用他们广博而新颖的知识，三代人共同成长，打造共同面对和接受的教育，创造一个既着眼于未来发展又着眼于孙辈成长的开放性系统，这是一项有意思又有意义的过程。

值得说明的是，隔代教养和父母教养会进行代际的传递与传承。年轻的父母会主动或被动地接触到越来越多的教育理念和方法，学习和了解儿童成长的规律和发展任务，但其仍然停留在按图索骥、学术为尊的阶段，还不能真正地理解和尊重孩子的成长，探索出与孩子互动的适宜方式和方法(Gurian，2008)。因此，父母的教养方式受到了他们自己成长过程中所受到的教育方式的影响。我们应该重视父母的成长环境，并帮助他们成长为更好的父母，从而为下一代创造更好的成长环境。

二、隔代教养方式对儿童社会情感发展的影响

通过对不同结构方程模型拟合度进行分析，结果发现采用学生报告的结构方程模型可能更为适宜。这可能是因为父母和教师对教育存有较强功利性。父母由于社会压力、教育期望等原因，可能更倾向于从功利性的角度来评价孩子的社会情感能力。他们可能更关注孩子的学习成绩、社交技巧等外在表现，而非孩子的内在情感需求。这种功利性的评价可能导致父母

报告的偏差，使得他们的评价并不能完全反映孩子社会情感能力的真实状态。

教师作为教育体系的执行者，同样可能受到功利性因素的影响。他们可能更关注学生在学校中的行为表现、学业成绩等可量化指标，以此来评价学生的社会情感能力。然而，这种评价方式可能忽略了学生情感世界的丰富性和复杂性，从而不能全面准确地反映学生的社会情感能力。

1. 关怀维度可以正向预测儿童社会情感能力各维度和总体社会情感能力

隔代和父母教养方式中的关怀维度可以正向预测儿童社会情感能力各维度和总体社会情感能力，这与预期一致。关怀与温暖可以促进儿童的道德发展，更好地内化道德，对儿童社会情感能力具有正向积极的作用。父母关怀可以正向预测父母报告的社会认知、人际交往、负责任决策和总体社会情感能力，可能是因为父母的关怀和支持可以提高孩子的信任感和情感联结，这可以帮助孩子在人际交往中更加自信和成熟。

综上，主要抚养者在教育孩子时态度亲切、和蔼、富有耐心，孩子便有一种愉悦感、安全感，更乐于助人、愿意换位思考，获得更多与同伴相处的方法和技能。即使与同伴发生冲突，也可以在主要抚养者的帮助下，更好地化解冲突。主要抚养者的社会情感能力也更有可能通过榜样示范、价值引导和行为规范等方式传递给孩子，进而促进孩子社会情感能力的发展。张文新指出，权威型的父母（有温情、有严厉）可以促进儿童道德标准和亲社会行为的内化，但父母的强制体罚或心理控制则会引发儿童的不良情绪体验①。帕特森（1989）认为，父母对于儿童的不良行为负主要责任。如果父母拒绝儿童，对儿童的攻击行为不进行制止，对儿童的纪律约束不一致及强制性的惩罚等就会导致儿童的攻击行为及反社会行为。

---

①张文新. 儿童社会性发展[M]. 北京：北京师范大学出版社，1999.

如果家庭中存在着隔代关怀，孩子可能会从祖辈那里得到额外的爱和关注，这将有助于提高他们的自我价值感和自信心①；隔代关怀也可以为孩子提供一种不同于父母的支持和帮助方式。祖辈通常有更多的生活经验和智慧，他们可以向孩子提供不同的视角和建议，有助于孩子更好地应对生活中的挑战。高紫薇(2009)的研究发现，良好的祖孙关系可以提升孙辈的人际交往能力和领导力②。研究者既关注祖辈的这种玩伴角色，也关注他们的榜样角色、导师角色，为孙辈讲述文化、历史和家庭故事等。质性研究结果说明了这一点，祖辈与孙辈一起参加各种活动，开玩笑、看电视、一起出游，还教给孙辈一些技能等，这些活动都在强调祖孙之间轻松愉快的关系。

2. 拒绝维度可以正向预测社会情感能力各维度和总体社会情感能力

隔代拒绝可以正向预测学生报告的社会情感能力，这意味着一定程度的隔代拒绝会对儿童社会情感能力发展产生积极影响。这可能是因为学生报告对祖辈的教养方式进行评估时，将祖辈拒绝认为是一种适度的、有针对性的限制或纠正。当儿童在成长过程中遇到挫折或冲突时，适度的拒绝和限制可以帮助他们学会调整自己的行为和情绪，从而更好地适应社会环境。但需要注意的是，拒绝的程度、方式以及儿童的个体差异都可能影响这一关系的强度和方向。

3. 通过关怀/自主性维度正向预测儿童社会情感能力

隔代关怀/自主性维度可以通过父母关怀/自主性维度正向预测儿童社会情感能力。这表明隔代教养和父母教养在关怀/自主性维度上保持一致时，儿童会接收到更加一致和稳定的教养信息，这有助于他们形成稳定的自

①PARK H, BAUER S. Parent-child relationship and self-esteem among Korean adolescents: Mediation by parent-and peer-relatedness[J]. Adolescence, 2002, 37(148): 503-517.

②高紫薇. 祖孙关系与中班幼儿社会能力的关系研究[D]. 上海：上海师范大学, 2009.

我认知和情绪状态。在这种情况下，儿童社会情感能力更容易得到正向的发展。

这一结果与霍夫曼等的研究结果一致。教养方式中的温暖/关怀维度可以促进儿童良好道德品质与社会行为的养成①，质性研究方法也进一步分析和验证了父母/隔代教养方式类型化和模式化对儿童社会情感发展的影响。开心式教养方式还是直升机式教养方式都揭露了当前教养的偏向，并从感性上理解父母教养方式对儿童社会情感发展的影响，揭示了儿童社会情感发展并非仅由父母/祖辈的某个行为维度决定，而是受成人照顾者的整个行为模式的影响。

根据布朗芬布伦纳的生态系统理论，隔代教养方式对儿童社会情感发展有着重要的影响。生态系统理论既承认生物因素和环境因素交互作用影响着人的发展，也重视社会情感能力在个体成长中的重要作用。布朗芬布伦纳认为，儿童的自身特质会与周边环境相互作用，进而影响其自身的社会情感发展。在微观系统中，儿童自身与父母教养相互作用；在中间系统中，家庭与社区、父母工作单位等其他系统相互作用；在宏观系统和外部系统中，国家政策、制度等都会通过对家庭、学校等方面间接影响儿童社会情感发展。

祖辈作为儿童成长过程中的重要他人，他们与周边环境的相互作用，会通过微观系统、中间系统、宏观系统和外部系统等多个层面，直接或间接地影响儿童社会情感发展。祖辈的教养方式、价值观、情感表达等，都会对儿童社会情感发展产生直接的影响。祖辈如果对儿童溺爱或严厉，会导致儿童缺乏自信或自主性；祖辈如果对儿童的情感需求不敏感或不回应，会导致儿童缺乏安全感或信任感。祖辈如果与学校老师或社区工作者有良好的沟

①方建移，何伟强．家庭教育与儿童社会性发展[M]．杭州：浙江教育出版社，2005.

通和合作，会为儿童提供更多的支持和资源；祖辈如果与学校老师或社区工作者有冲突或误解，会给儿童带来更多的压力和困扰。

祖辈的教养方式，也会受到宏观因素的影响，反过来影响儿童社会情感发展。祖辈如果拥有重视家庭价值和传统的社会文化背景，他们可能更注重儿童的品德和礼仪教育；祖辈如果拥有强调个人自由和选择的社会文化背景，他们可能更尊重儿童的个性和兴趣发展。祖辈的教养方式在一定程度上受到这些外部因素和生活经历等的制约，对儿童社会情感发展产生潜在的影响。祖辈如果生活在贫困的环境，他们可能更关注儿童的生存和安全问题；祖辈如果生活在富裕或稳定的地区，他们可能更关注儿童的发展和幸福问题。

同样，父辈与祖辈的关系，也会影响儿童社会情感发展。父辈与祖辈之间的尊重和支持，可以为儿童创造一个和谐稳定的家庭环境，让儿童感受到家庭的温暖和力量。父辈与祖辈之间的沟通和协调，可以为儿童树立一个良好的榜样，让儿童学会如何解决冲突和分歧，如何尊重他人的意见和选择，如何与不同年龄和背景的人相处。父辈与祖辈之间的合作和分担，可以为儿童提供更多的关注和资源，让儿童得到更全面和个性化的教育。

通过鲜明的个案充分说明，祖辈与父辈不一致的教育、不稳定的关系和不和谐的环境对儿童社会情感发展产生消极作用。胡杰容和马德峰(2000)认为，父辈和祖辈之间教育观念和方法上的不一致会导致孩子养成任性、骄纵等不良心理品质。

综上所述，隔代教养方式对父母教养方式产生的影响是多方面的。父辈需要认识到这些影响，尽可能地避免出现不必要的问题。父辈应该在选择隔代教养方式时，权衡利弊，选择最适合自己和孩子的教育方式。同时，父辈也需要与祖辈进行沟通，了解他们的教育观念和方式，以确保孩子得到合适的教育和关爱。

4. 是否为隔代教养方式在儿童社会情感能力总分上不存在显著差异

隔代教养与父母教养在温暖/关怀维度高度趋同。无论是隔代教养方式，还是父母教养方式，对儿童社会情感能力产生影响无显著差别。这可能是因为无论是隔代教养还是父母教养，只要能够提供稳定、关爱和支持的环境，就有助于儿童社会情感能力的发展；也可能是虽然有祖辈参与儿童的教养，但联系相对较少，或时间较为久远，导致隔代教养方式对儿童的影响不明显（Bengtson 等，1985）。同时，隔代教养更侧重健康安全与礼仪规范，父母则强调学业与自主性，目标错位易导致责任转移与教育真空；代际权威失衡（如祖辈过度干预或父辈边缘化祖辈）对儿童社会情感能力的负面影响显著高于单一教养方式。

质性研究对这一结果进一步分析和验证，结果发现，无论是隔代教养方式，还是父母教养方式，儿童社会情感发展除了受隔代和父辈的影响，还可能存在其他各种因素的综合影响，使得两者在社会情感能力总分上没有显著差异。因此，为验证假设，需要深入探讨父母教养方式在隔代教养方式影响儿童社会情感发展中的中介作用，进而分析隔代教养方式与儿童社会情感发展的具体关系和影响。

三、隔代教养方式变量的某种组合对儿童社会情感发展的影响

量化研究和质性研究结果都表明，隔代教养方式变量的某种组合会影响儿童社会情感发展。放任型隔代教养方式的祖辈对孙辈照顾无微不至，以帮助甚至是包办代替的形式促进孙辈发展。孙辈受到祖辈的百般疼爱和袒护，不仅生活自理能力很差，从小到大都不知道自己能做什么，或者是该做什么，他人对自己的看法如何，没有机会发展自我认知和社会认知能力，缺少同理心，更无法了解自己的行为会对别人造成什么影响。

他们一般对情景和环境评估能力较差，不知道通过别人对自己的看法调整自己的行为，所以常常会发生不适时、不适度的行为，在集体中受欢迎程度较低，自我效能感较差。他们自我管理能力很低，生活能力和自控力弱，习惯于被照顾和保护，所以经常出现违规违纪行为，遇到问题又不能解决问题，成就感很低。随着年龄的增长，他们的行为在集体里大多受到质疑和不被接受，这会使他们出现交友焦虑或者产生低自尊。通过访谈和观察这些儿童，发现他们常常不快乐，他们想融入集体，想掌控同学之间的关系，但是又无能为力，他们不被认可和不受欢迎，最终都表现得很孤独，缺少朋友，没有成就感。

妥协型隔代教养方式的祖辈也有放任型教养方式的特点，他们也宠溺孙辈，不仅包办代替孙辈的一切，而且对孙辈有求必应。他们不仅像放任型祖辈那样认为自己是孙辈的成长的帮助者，更认为自己是孙辈的用人，一切听孙辈的。即使孙辈表现不好，行为极其无礼，他们也认为那是父辈的事，或者表现出很无奈，一笑了之。这些祖辈会比放任型祖辈更加放纵孙辈行为，忽视孙辈的任性，忽视孙辈的暴躁，也忽视孙辈的尊重，对孙辈行为没有要求。另外，妥协型祖辈还有点像拒绝否定型祖辈，他们不使用促进孙辈成长的相关行为策略，不是因爱而宠溺，而是因自私而宠溺，甚或是缺少对家庭的掌控感。祖辈的目的是讨好、减少麻烦、不投入精力进行教育，这就会导致祖辈的家庭地位较低。祖辈对孙辈的容忍和一味退让，导致孙辈秩序感很差，以自我为中心，缺少边界意识。最突出的表现就是不懂感恩，不懂爱，对他人和社会认知不足，缺少责任感。一个不懂爱、不会爱的人，在进入集体以后，很难适应集体生活，在集体中的行为和表现都显得格格不入，不被集体和他人认可，常常会搞砸同学或者朋友之间的关系，自己又会感到很无辜。比如，对于别人的帮助，他不知道感恩；否认他人的意见或建议；不理解别人的意图；不会为别人付出；不能负责也不会负责等。这些儿童往往因在生活中难以掌控他人和环境而感到困扰，久而久之，当一直得不到他人的回应时，便会认为周围环境和人冷漠无情，从而倍感孤独与忧郁。

当然，隔代教养也有许多成功的案例。例如，权威型隔代教养方式爱而不溺，宽严相济，既有要求和期待，又给予儿童更多的选择机会和成长空间。祖辈通过慈爱与耐心的照顾和引导，满足孙辈成长和发展的需要，培养孙辈独立生活能力和行为习惯。他们在陪伴和照顾孙辈过程中，既能够敏锐地发现孙辈的问题，又能够对孙辈的行为做出及时正确的反应。他们常常使用解释、示范、建议和说理等方式，与孙辈进行交流和引导。他们善于对孙辈行为赋予积极意义或对消极事件重建积极正向的意义，引导孙辈积极、乐观，实施负责任行为，提升发现问题、分析问题、解决问题的能力。他们引导孙辈关注和关心别人，建立同理心和和谐人际关系，规范自己行为，能够对自己行为负责。他们也会把孙辈犯错误或者遇到困难看作成长的机会，通过引导，让孙辈在挫折中体验成功。与孙辈讲道理也会促进孙辈的认知发展，此时他们会接触到他们所不理解的道德判断，以至于孙辈会明确认识到哪些行为可以选择、哪些行为应该避免及哪些可供取舍，这就增加了社会认知的宽度和深度。权威型成人有效地利用情感、认知和经验三个因素来发展儿童的自律，提升儿童社会情感能力（Kostelnik 等，2009）。

从儿童的视角，怎么看待祖辈的教养方式和行为呢？他们更认可祖辈的慈爱和耐心，甚至认为祖辈弥补了他们从父母那里没有得到的爱和关注，他们尊重和理解祖辈的辛劳，并能够及时反馈自己对祖辈的情感和爱。这些祖辈虽然辛苦，但是陪伴在孙辈身边，感受着孙辈的成长和变化，会备感幸福。

放任型、妥协型和忽视型教养方式下，因为祖辈与孙辈交流互动的机会不多，即使交流和互动也是以孙辈为主，所以孙辈常常感觉祖辈不如他们、更不如他们的父母，祖辈只会洗衣做饭、每天待着无所事事。虽然祖辈是他们忠实的支持者、服从者，他们遇到与父母的冲突时也会把祖辈当作第一时间的救兵，但是他们并不会很尊重祖辈。面对祖辈的有求必应、言听计从，他们丧失了对祖辈的信任，因此就会表现出对祖辈言语行为的不理、不听、我行我素。相反，儿童更喜欢严格要求他们的祖辈。一年级的孩子都知道，放任和放纵是错误的教养方式，妥协背后也是对他们的不负责任。他们期望自己的祖辈更时尚、更博学，充满智慧，期望祖辈能给予自己指导，也希望以祖辈为榜样，但往往又很失望。因此，他们对祖辈的态度和表现也常常是矛盾的、纠结的。

同时，必须认识到，隔代教养也可能会对儿童的成长产生不良影响。祖辈或其他亲属的年龄较大，他们的教育观念往往落后于现代社会的教育观念。这可能导致儿童在成长过程中接受不正确的教育方式，从而影响他们的心理健康和成长。另外，由于不同的家庭背景和文化背景，祖辈的教养方式可能与父辈的教养方式不同。如果孩子长期接受祖辈的教养，他们可能会受到不同于父母的教育观念和价值观的影响，这可能会导致父母和孩子之间产生分歧，甚至出现沟通障碍。

基于以上分析，笔者用表 5-8 总结了隔代教养方式与儿童相应的行为表现和社会情感能力表现。

表 5-8　隔代教养方式与儿童相应行为表现、社会情感能力表现

隔代教养方式	行为表现	社会情感能力表现
放任型	攻击性，无目的，飞扬跋扈，不成熟，冲动，低成就，自我依靠及控制性差，叛逆，不快乐，退缩	不明是非，不懂尊重，边界意识差，规则感弱，评估因果能力弱，感受力低，缺乏同理心，对情景和人的理解能力差，不自信，不独立，合作意识差，攻击性强，对自己的情绪和行为控制弱，不专注，移情能力差，自主性差，任性

续上表

隔代教养方式	行为表现	社会情感能力表现
妥协型	攻击性，无目的，飞扬跋扈，不成熟，冲动，低成就，自我依靠及控制性差，叛逆，不快乐，退缩，不负责任，喜怒无常，不友好，掌控欲强，表现欲强	不明是非，不懂尊重，边界意识差，规则感弱，评估因果能力弱，感受力低，缺乏同理心，对情景和人的理解能力差，不自信，不独立，合作意识差，攻击性强，对自己的情绪和行为控制弱，不专注，移情能力差，自主性差，任性，不喜欢守社会规范，对他人和社会的认知不足，不会关怀帮助他人，情绪波动较大，叛逆，安全感不足
权威型	合作，好奇，同情心，友好，有确定目的，快乐，高成就，高自我依靠和自我控制	明是非，懂尊重，规则感强，独立性强，对情绪感受力和控制力强，理解、同情、关怀他人，关注自我健康形象，自信，社会沟通与交友能力很强，对自己的情绪、行为和注意力的管理很强，自主性很强，专注

四、隔代教养方式对儿童社会情感发展的影响模型

随着祖辈在儿童教养中参与程度的加深，祖孙之间的互动远远多于亲子之间的互动，这更有利于儿童自我认知和社会认知的发展。研究者一致认为，祖辈是“重要的后台人物”，在大多数情况下，通过间接和象征性影响发挥更大的作用。

符号互动理论从祖辈、父辈与儿童的互动视角，解释和说明了隔代教养方式对儿童社会情感发展影响的动态过程。符号互动理论的核心观点是，人们通过符号来进行互动，并且在互动中创造和改变符号的意义。在祖辈与孙辈互动中，彼此都会不断地协商和调整自己的符号，以达到共同的理解和共识，并且会动态发展。儿童在隔代教养中，也会主动参与符号的建构，

他们会根据自己的感受和需求，来选择和解读祖辈传递给他们的符号。他们会选择接受或者拒绝祖辈的教导，他们会解读祖辈言行背后的动机和意图。儿童主动接受隔代教养方式，并主动塑造了自己的社会情感。

祖辈通过语言、表情、姿势、动作、语调、眼神等符号，来传达出对孙辈的情感态度，比如爱、关心、信任、尊重、期望等。孙辈会根据这些符号，来理解祖辈的意图和评价，并且做出相应的反应和调整。孙辈会模仿祖辈的言行举止，会听从祖辈的教导和建议，会表达自己的感受和想法。这样，孙辈就与祖辈之间形成了一种双向的影响和塑造关系。所以，儿童在与隔代的互动过程中，他们不仅是被动地接受影响的一方，也是主动地参与影响的一方。他们通过与隔代的互动，来建构自己的社会情感，并且改变自己和隔代的家庭关系。

祖辈与孙辈之间的亲密关系，可以为孙辈提供安全感、归属感和信任感，这些都是儿童社会情感发展的必要条件。祖辈与孙辈之间的互动，可以让孙辈学习到如何表达自己的情感、如何理解他人的情感、如何处理人际关系等，这些都是儿童社会情感发展的重要技能。祖辈与孙辈之间的合作，可以让孙辈体验到成功的喜悦、失败的挫折、合作的乐趣等，这些都是儿童社会情感发展的宝贵经验。

另外，隔代教养会影响父母的教育方式，从而影响儿童发展。由于祖辈或其他亲属照顾孩子的时间较长，父母可能会错过孩子的成长过程。这可能导致父母对孩子的教育方式产生偏差，以及对孩子的性格和行为产生不良影响。父母也可能会感到自己的责任被削弱，从而导致他们对孩子的教育方式变得懒散或不负责任。如果祖辈表现得比较突出，可能会导致父母感到自己的能力被贬低，从而产生焦虑和不安，进而影响到他们对于自己自育能力的信心。隔代教养方式还可能会影响父母与孩子之间的关系。孩子长期接受祖辈的教育方式，可能会导致孩子与祖辈之间建立起更亲密的关系，这会让父母感到孤独和被排挤。而且，父母与孩子之间的沟通可能会变得更加困难，因为孩子已经习惯与祖辈互动，而不是与自己的父母互动。

根据格根的关系性理论，在教育中，关系确实应该优于个体。通过祖辈、父辈和孙辈之间的关系构建，可以进入个体的情感世界，促进儿童社会情感发展。在家庭中，祖辈、父辈和儿童的教育行为是在关系中形成的，并且相互影响。这种教育还可以不断构建关系性的能力。

通过这种方式来分析祖辈和孙辈之间的情感，可以发现它们是在关系中产生并成长的。祖辈与孙辈之间的情感连接和互动，对于儿童社会情感发展至关重要。在良好的关系环境中，儿童能够感受到爱、尊重和支持，从而培养出积极的情感态度和社交技能。父母与孩子之间的关爱和陪伴，可以为孩子提供最直接和最深刻的情感体验，让孩子感受到父母的爱和期望。祖辈非常疼爱孙辈，经常与孙辈一起玩耍、讲故事，给予他们充分的关注和爱护。同时，父辈也与祖辈保持着良好的沟通和合作，共同制订教育计划，并且在日常生活中给予孩子正确的引导和教育。在这种家庭环境中，孩子能够感受到来自祖辈与父辈的关爱和支持，建立起稳定的情感连接。他们学会了分享、关心和尊重他人，培养了良好的社交技能和情感态度。在与他人交往时，儿童能够更加自信、友好地表达自己的情感和需求。

总之，格根的关系性理论强调了关系的重要性，特别是在家庭教育中。通过建立和维护良好的关系，祖辈可以帮助儿童发展健康的社会情感，并为他们的成长奠定坚实的基础。父辈可以与祖辈共同合作，提供一致的教育和引导。这样，儿童将在一个温暖、和谐的家庭环境中茁壮成长，发展出健康的社会情感。

祖辈作为儿童的早期照顾者或者协助父辈抚养照顾儿童，通过教养方式影响儿童社会情感发展。这一结果说明了祖辈在儿童社会情感发展中的重要性。很多研究都把注意力集中在祖辈与其子女和孙辈的联系程度上。一些研究认为，接触越多，影响越大。这一假设已经被许多研究者证实，本书对这一假设进行进一步检验，并提供了数据和理论支持，进一步说明祖辈的直接或间接影响确实受到接触和参与程度的影响，这种影响来源于祖辈、父辈与孙辈之间的关系和面对面的互动，并通过教养方式影响儿童社会情感的发展。一般来说，祖辈与父辈在与孩子的互动中的影响是重叠的，祖辈不会给孙辈带来特别明显的直接影响，但是这并不能降低祖辈的重要性和价值。大多数祖辈参与孙辈的抚养照顾，可以缓解家庭压力、传承家庭文化、促进家庭和谐，以及提高孙辈的安全感、促进孙辈健康成长。此外，祖辈有时也会抵消父辈直升机式的或者散养式的教养方式所带来的消极影响。

结构方程模型和个案分析的结果共同构成影响机制模型：隔代教养方式关爱/温暖维度正向预测儿童社会情感各维度和总体社会情感能力；隔代教养方式不同维度在某种组合下会对儿童社会情感发展产生显著影响。具体来说，通过妥协、溺爱和权威等教养方式与孙辈进行面对面的互动，对儿童社会情感发展产生直接影响。祖辈通过向父辈提供精神和物质援助、树立角色榜样以及控制育儿方式等手段，影响父母的教养方式，并会对儿童社会情感发展产生间接影响。在此过程中，父母教养方式起到了中介作用。布朗芬布伦纳生态系统模型、符号互动论、关系性存在理论，从儿童与环境相互作用的视角，解释和说明了隔代教养方式对儿童社会情感发展影响的动态过程。隔代教养方式对儿童社会情感发展影响的模型如图 5-10 所示。

研究结果显示，直接影响来自祖辈与孙辈之间的面对面的直接互动，接触程度越深、互动越多，祖辈对孙辈的影响越大。隔代关怀被证实能够正向预测儿童在各维度及总体社会情感能力上的表现，隔代经验与智慧在指导儿童处理人际关系问题、提升社会情感能力方面具有重要作用。然而，隔代教养方式的影响并不仅限于对儿童的直接影响，它还会通过父母教养方式

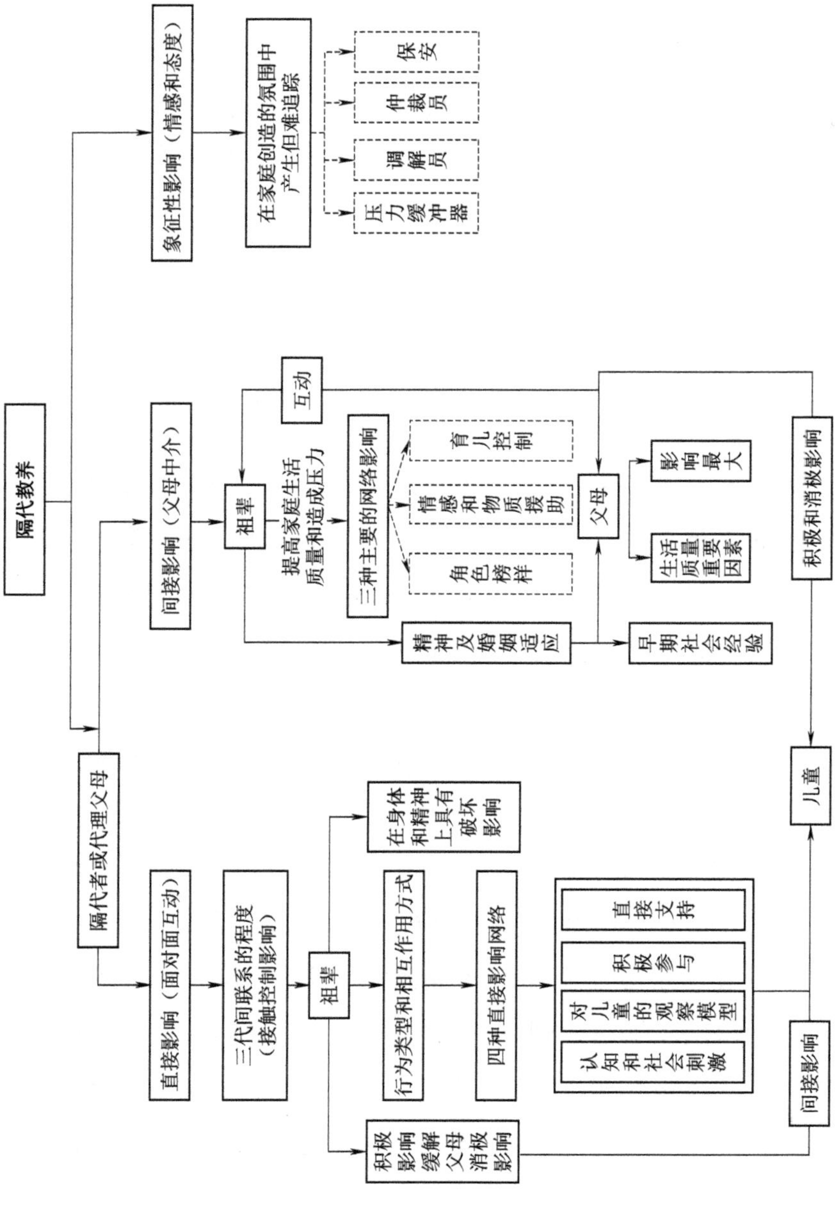

图 5-10 隔代教养方式对儿童社会情感发展影响模型图

间接影响儿童社会情感发展。间接影响是隔代教养方式维度通过父母教养方式维度对儿童社会情感能力有预测作用。隔代关怀可以通过父母关怀正向预测儿童的自我认知、自我管理、社会认知、负责任决策和总体社会情感能力，隔代自主性可以通过父母自主性正向预测儿童的自我认知、自我管理、人际交往、负责任决策和总体社会情感能力。祖辈可能会通过自己的积极影响来缓解父母的消极影响。祖辈对孙辈的关心和正向支持能够减轻父母的压力，使他们有更多的时间和精力去关注孩子的成长，从而更好地履行父母职责。当父母得到祖辈支持后，也可以更积极地参与孩子的教育，提供必要的指导和支持，进而促进孩子形成积极的自我认知，学会有效管理自己，提升社会认知能力，做出负责任的决策，社会情感能力获得全面发展。在父母和教师报告的社会情感能力模型中也发现了隔代关怀通过父母关怀正向预测儿童社会情感能力的路径，进一步支持了这一观点。质性研究进一步说明，祖辈主要通过对父母情感和物质上的援助、育儿控制、角色榜样等方式影响父母教养方式，从而对儿童社会情感发展产生积极或者消极的影响。祖辈与父辈之间的互动一致/不一致产生的影响是不同的，祖辈之间，甚至是祖父母与外祖父母之间的关系都会影响家庭环境和氛围，从而对孙辈产生影响。

研究表明，孙辈一般不把祖辈当作自己的主要抚养人，祖辈只能算是孙辈成长过程中的“重要的后台人物”，因此，父母教养方式在隔代教养方式对儿童社会情感发展影响中的中介作用不容忽视。研究进一步表明，隔代教养方式与父母教养方式一致且为关怀/自主积极维度的情况下，会对儿童社会情感能力产生正向影响，质性分析也获得了同样的结论。可能是因为这种一致性可以减少家庭内部因教育方式不一致而产生的冲突和矛盾，进而帮助儿童形成稳定的情绪状态，减少焦虑和不安。同时，家庭成员之间的一致性也能够为儿童树立良好的榜样，使他们在成长过程中受到积极的影响。

隔代教养方式与父母教养方式中的温暖/关怀维度都可以正向预测儿童社会情感各维度和总体社会情感能力。这一结果是对隔代教养方式对儿童影响研究的一个非常重要的补充，能够帮助家庭和社会关注和理解祖辈的角色和教养方式的重要意义。

随着社会发展和人口结构变化，特别是人类寿命延长，年轻父辈因工作生活压力将养育责任让位给祖辈，而祖辈通过承担照顾、指导责任，显著加深了与孙辈的互动程度与时长，其影响也随接触频率提升而增强。这种代际协作，既缓解了父辈的育儿压力，减少了家庭矛盾冲突，为孩子营造了稳定和睦的成长环境，同时，祖辈与孙辈之间的照顾、陪伴等互动模式，也缓解了父辈因为工作压力而没有时间陪伴孩子的消极影响。

第六章

代际协同赋能：隔代教养优化的三级干预框架与实践跨越

通过揭示妥协式教养的文化根因与代际协同的作用机制，打破了隔代教养"污名化"或"浪漫化"的二元叙事，为中国家庭代际关系的现代化转型提供了理论导航。本书建议的三级干预框架（家庭—学校—政策）并非简单策略叠加，而是以"经济—情感资本再分配"为核心的系统性赋能工程——既需重塑代际权力结构，也需重构社会支持网络，最终实现从"代际妥协"到"代际共生"的跨越。

第一节　强化父母主导权，重构代际责任边界

家庭的温暖为儿童提供了坚实的情感支撑。父母作为儿童成长的主要引导者，关爱和陪伴在塑造儿童社会情感中占据核心地位，这种角色无法被其他任何角色所替代。因此，父母必须深刻认识到自身在儿童社会情感发展中的关键职责，主动担责，明确自身的责任边界，避免将抚养教育子女责任转移或委托给祖辈。当祖辈参与孙辈的养育时，可能会出现过度溺爱和保护的情况。父母在意识到祖辈教养方式可能阻碍儿童社会情感发展时，不能因责任感不足或生活压力而妥协或放任其发展，必须及时提醒，并通过与祖辈的沟通和交流，帮助他们增强意识。

儿童的社会情感学习都是从家庭开始的。父母应通过日常的关爱与沟通，让孩子感受到尊重和安全，这是其社会情感能力发展的基石。同时，父母还应在日常生活中展示积极的社会情感，如同情、诚信和公正，为孩子树立良好的行为榜样。父母还需要努力提升自身的教育指导能力，教育孩子理解和尊重他人的感受，培养他们的同理心，这是形成积极社会情感的关键。此外，帮助孩子识别和管理自己的情绪，教他们如何以适当的方式表达情感，也是其社会情感发展的重要一环。鼓励孩子与同龄人互动，参与社交活动，有助于他们发展社交技能，形成积极的社会情感。父母还需学习和掌握非认知能力的培养技巧，创建温暖和谐、幸福安全的家庭环境，为孩子提供社会情感学习的场所和条件。支持和鼓励孩子参与家庭事务的决策，帮

助他们分析学业和生活事务的利弊得失，以培养其主人翁意识。

总体来说，父母在儿童社会情感形成中的主导作用不容忽视。

一、父母主导权的核心地位与代际责任重构的紧迫性

家庭教育的代际协同本质上是权力与责任的动态平衡过程。在当代中国家庭代际关系转型背景下，强化父母主导权并重构责任边界，已成为破解"教养权责模糊化"与"教育目标碎片化"困境的关键路径。

1. 父母目标导向性的核心驱动价值

研究表明，父母教养行为的目标导向性是儿童社会情感能力发展的核心引擎。父母通过明确的学业规划（比如，学习习惯培养、兴趣方向引导）和自主性训练（比如，决策能力赋权、责任意识植入），能够系统性建构儿童社会适应力框架。相较之下，隔代教养更多体现为"即时性照护"与"经验性传授"，其随机化、片段化的介入模式易导致教育目标失焦。例如，祖辈过度强调传统礼仪规范而忽视儿童创造性表达，或过度满足物质需求而弱化抗挫力培养，这些均可能割裂教育目标的完整性。

2. 代际权力博弈中的责任真空风险

经济资本在代际关系中的权重提升，正在重塑家庭教养的权力格局。高经济地位的祖辈通过住房供给、教育资金支持等方式获得教养话语权，形成"经济主导型代际控制"；而经济弱势祖辈则被迫退居"服务型角色"，通过生活照料换取家庭归属感。这种资本驱动的权力分配模式，使得父母在关键教养决策中陷入被动——既需顾及祖辈的经济威慑，又难以摆脱情感绑架。研究显示，34.7%的双职工家庭存在"祖辈越位决策"现象，父母在学业规划、兴趣培养等核心领域的自主权被压缩至不足60%，直接导致教育目标执行效能下降27.3%。

3. 情感资本再积累：重夺教养话语权的战略路径

重构父母主导权的本质，是从“经济资本依附”转向“情感资本增值”的范式革命。父母需通过高质量陪伴（日均有效互动≥45 分钟）、情绪支持敏感性（对儿童需求的响应准确率＞80%）等情感投资行为，重建儿童的情感依赖纽带。实证表明，当父母情感卷入度提升至家庭教养总投入的 65%以上时，其对教育目标的控制力可增强 40%，祖辈越界行为发生率降低至 12%以下。这种“情感赋权”机制，能够有效对冲经济资本对教养话语权的侵蚀效应。

二、构建责任明晰的代际协同新秩序

基于上述理论，需通过制度创新与文化重构双轨并进，建立“父母主导—祖辈协作”的责任分配框架，以实现代际教育资源的最优配置。

1. 代际责任清单：权责界定的标准化工具

建议制定《家庭教养责任分类指南》，将教养任务科学划分为三个层级：核心决策层、辅助执行层、情感支持层。核心决策层（占比 60%）主要针对学业规划、自主性培养、价值观塑造等长效目标，由父母全权主导；辅助执行层（占比 30%）主要指健康监护、传统文化传承、生活技能教授等，由祖辈在父母监督下实施；情感支持层（占比 10%）则指节日仪式、休闲娱乐等非结构性活动，鼓励代际共同参与。家庭可以通过责任可视化（如张贴家庭任务矩阵图），减少代际摩擦发生。

2. “父母主导—祖辈协作”机制：动态平衡的制度保障

建立“三级协商制度”，通过日、月、年度沟通机制，使祖辈从“决策竞争者”转型为“资源供给者”，提升父母主导权巩固度。例如，每日 15 分钟“教养日志”（可以口头也可以书面）共享，父母通报当日教育进展，祖辈反馈生活照护细节；采用“SMART 原则”制定阶段性目标（比如，三个月内实现自主完成作业），祖辈提供资源支持方案（比如，接送时间调整）；引入第三方评估员（比如，家庭教育指导师、学校班主任以及其他家人），对代际协作效能进行量化评分，并制订改进计划。

三、从权力博弈到责任共生的代际新生态

强化父母主导权绝非否定祖辈价值，而是通过责任重构释放代际协同的最大效能。当父母成为教育目标的“总设计师”、祖辈转型为“资源供应商”时，儿童则得以在稳定的责任框架中实现社会情感能力的系统进化。这种新型代际关系，既继承了中国家庭代际互助的文化基因，又注入了现代教育的科学理性，最终指向“责任共担、优势互补”的代际共生图景。要实现这一转型，必须持续深化认知与工具两大变革。认知革命可以打破“祖辈经验至上”的传统迷思，确立“科学教养权”的现代家庭伦理；工具创新能够开发代际协同数字化平台，降低制度执行成本。唯有如此，才能在经济资本与情感资本的再平衡中，构建起适配中国家庭现代化进程的代际责任新秩序。

第二节　推动代际教养一致性，化解目标冲突

在教养方式的选择上，祖辈与父辈应当保持一致性，并确保其合理性。一致性与合理性是衡量和提升家庭整体养育质量的关键因素之一。一致性要求祖辈与父辈通过有效的沟通与协商，建立相对稳定统一的教育观念和

行为规范。这种一致性有助于在家庭中创造一种平衡与协调的环境，使儿童无论处于何种环境，都能得到优质的教育和引导。所谓合理性，即祖辈与父辈的教养方式均应遵循儿童的身心发展规律与教育原则。无论是依赖于祖辈的深厚经验，还是依据父辈的现代理念，都应始终以儿童的全面发展和健康成长为核心。同时，这两种教养方式都需结合时代背景与儿童社会情感发展的特点，进行必要的调整和完善。

值得注意的是，一些研究者将祖辈与父母教养方式的冲突视为社会冲突，认为这种不稳定和谐的环境会对儿童社会情感发展产生消极影响。因此，保持教养方式的一致性和合理性，对于儿童的健康成长至关重要。

一、代际冲突的根源与一致性教养的整合价值

代际教养的一致性是家庭教育的稳定器，其本质是通过代际价值观整合与行为规范协同，规避因目标错位导致的儿童认知失调与发展阻滞。在传统与现代教育理念激烈碰撞的当下，推动教养一致性已成为弥合代际鸿沟、释放协同效能的核心命题。

1. 代际冲突的双重破坏性

祖辈与父辈教养目标的错位，本质是传统经验主义与现代科学育儿观的范式冲突。祖辈依赖生活智慧传承（比如，“吃苦耐劳”品质培养）与风险规避策略（比如，过度保护），而父辈更关注未来竞争力塑造（比如，创新能力、数字素养）。研究显示，在代际冲突家庭中，儿童焦虑检出率要高于协同型家庭，且儿童自我管理能力普遍较低。冲突性互动还会诱发“双重权威困境”，儿童在祖辈的“要听话”与父辈的“要独立”间陷入行为选择悖论，导致责任决策能力发展迟滞。

2. 一致性教养的增益效应

当祖辈与父辈在核心教养维度（比如，自主支持、规则边界）达成共识时，儿童社会情感能力发展就会呈现显著协同效应。访谈中发现，代际一致性能够提升儿童情绪稳定性，提高人际问题解决能力。一致性教养通过“双通道强化机制”发挥作用，代际重复性正向反馈（比如，共同鼓励自主探索）加速儿童行为内化；稳定的代际支持网络降低儿童环境不确定性感知，增强心理安全感。例如，祖辈与父辈共同遵守“有限屏幕时间”规则的家庭中，儿童自我管理能力显著高于规则冲突家庭。

3. 时代转型下的教养适配挑战

代际一致性并非静态趋同，而是动态调适过程。中国家庭正经历技术代沟、文化重构和空间压缩的三重转型冲击。祖辈对数字化教育工具（比如，在线学习平台）的适应滞后，导致教育方法断层；传统“长幼有序”伦理与现代“儿童中心”理念的碰撞加剧目标分歧；三代共居模式下，祖辈生活干预（比如，作息管制）与父辈教育主权争夺白热化。这些结构性矛盾要求，一致性教养必须兼顾文化传承与创新适配。

二、构建代际协同的“三位一体”一致性框架

破解代际冲突需从观念整合、制度约束、能力提升三向发力，建立“价值共识—行为协同—动态校准”的全周期一致性保障体系。

从家庭角度，建议制定《家庭教养一致性公约》，明确四大核心条款，涵盖目标协同、规则统一、冲突处理、动态修订等部分。同时，也可以开发本家庭模式下的沟通支持工具包，包括将传统经验（比如，勤俭节约）转化为现代教养行为指南（比如，零花钱自主管理训练）；结构化呈现父母教育目标（比如，本周自主完成作业三次），避免情绪化指责；记录代际分歧事件，标注情

绪强度与解决策略，用于后期家庭会议中的复盘。

从社区角度，可以建立代际教养加油站，建立“三师联动”服务体系，不仅提供冲突调解、公约修订等专业支持；更要为祖辈开设现代教养理念转化课程（比如，“过度保护替代策略”）。华东师范大学李家成教授主持的代际互学项目也特别值得提倡，其建议社区成立代际共育工作坊，通过设计沉浸式训练模块，如角色反转剧场、目标对齐沙盘、跨代技术课，使父辈和祖辈在角色扮演中体验对方立场的合理性，用可视化工具（比如，教养目标金字塔）将抽象理念转化为具体行动清单，通过学习使用教育类 App，促进代际的资源互补。

三、从机械统一到动态共生的代际协同

推动代际一致性绝非追求刻板的行为趋同，而是构建和而不同的弹性协同生态。当祖辈的经验性智慧与父辈的科学性规划在共同目标下有机融合时，儿童得以在多元价值浸润中发展出更具适应性的社会情感能力。这一转型需把握两大原则。

1. 文化根植性

将传统伦理精华（比如，家训传承）转化为现代教养资源，避免一致性沦为文化割裂的牺牲品。

2. 技术赋能性

开发代际协同数字系统，通过虚拟场景模拟（比如，祖辈介入决策后果预测），提升冲突预判与化解能力。

唯有在尊重代际差异的基础上寻求最大共识，才能实现从“强制一致”到“有机协同”的教养生态跃迁，为儿童社会情感发展构筑坚不可摧的代际合力。

第三节　学校干预框架与实施策略

家庭和学校在儿童的成长与发展过程中均扮演着至关重要的角色。为了有效促进儿童社会情感发展，两者都需要对儿童社会情感教育及关怀给予足够的重视。此举不仅有助于儿童形成正确的情感观念并掌握适当的情感表达方式，还能为他们营造一个充满温暖与和谐的成长环境，使他们深切感受到来自家庭和学校的关爱与保障。作为专业的教育机构，学校应依照《关于健全学校家庭社会协同育人机制的意见》，充分发挥其在协同育人中的核心作用。学校需致力于提升祖辈的隔代教养素质，为儿童的成长创造更有利的环境，从而促进其社会情感的发展。为实现这一目标，建议学校采取以下措施。

首先，组建一支专业的家庭教育指导师队伍。这支队伍不能仅限于班主任，而应广泛招募有热情、有经验的教师。通过系统的培训，提升他们在家庭教育方面的指导能力，从而确保更多的学生能够得到有效的帮助。

其次，家庭教育指导师可借助两个主要平台发挥作用：一是利用父母会和父母沙龙等活动，为祖辈提供关于儿童心理发展、教育方法和沟通技巧的专业讲座，助其更新教育观念，提高教育水平；二是实施家访制度，使家庭指导师能够深入了解学生的家庭环境和家庭教育状况，以及祖辈的具体需求和挑战，为他们提供个性化的教育指导。

再次，促使学校成为代际资源整合与能力监测中枢。通过开发“代际共学”主题课程，如“祖辈口述家史”“父母职业体验”，每学期完成八个课时实践；建立儿童社会情感能力数字画像，包含五大维度16项指标，实时推送代际协作建议，如“祖辈需减少包办行为”“父母应增加自主任务授权”；同时，还可以在家校协同平台设置“代际协作积分榜”，祖辈上传育儿日志、父母提交教育计划，教师进行匹配度评分并生成优化报告。

此外，学校还应鼓励祖辈自发组织互助小组，定期分享教育心得和面对的问题，形成互助互学的良好氛围。通过学校与家庭、指导师与父母及祖辈的深入交流，建立稳固的合作关系，共同关注儿童的成长，全面提升祖辈的教养素质。

附　录

表 1　各变量的描述性统计和相关分析（教养方式和社会情感能力相关分析）

	1	2	3	4	5	6	7	8	9	10	11
grcar	1										
grref	−0.42***	1									
grove	−0.08*	0.58***	1								
graut	0.56***	−0.23***	−0.24***	1							
stsec	0.39***	−0.11**	0.00	0.34***	1						
stser	0.31***	−0.03	0.02	0.32***	0.71***	1					
stsoc	0.33***	−0.09*	0.00	0.28***	0.75***	0.63***	1				
stinc	0.37***	−0.13***	−0.02	0.34***	0.81***	0.66***	0.76***	1			
stred	0.34***	−0.12**	−0.10**	0.34***	0.76***	0.71***	0.66***	0.72***	1		
stsum	0.40***	−0.11**	−0.02	0.37***	0.91***	0.84***	0.86***	0.92***	0.85***	1	
pasec	0.19***	−0.22***	−0.24***	0.26***	0.35***	0.32***	0.34***	0.33***	0.39***	0.39***	1
paser	0.16***	−0.11**	−0.14***	0.18***	0.32***	0.40***	0.31***	0.27***	0.35***	0.37***	0.74***
pasoc	0.19***	−0.15***	−0.13***	0.16***	0.31***	0.25***	0.37***	0.32***	0.30***	0.35***	0.71***
painc	0.23***	−0.21***	−0.18***	0.20***	0.38***	0.31***	0.39***	0.42***	0.38***	0.43***	0.78***
pared	0.25***	−0.22***	−0.19***	0.22***	0.34***	0.30***	0.34***	0.31***	0.41***	0.37***	0.77***
pasum	0.24***	−0.20***	−0.18***	0.22***	0.39***	0.35***	0.40***	0.39***	0.41***	0.44***	0.88***
tesec	0.02	−0.18***	−0.08	−0.01	0.04	0.03	0.08*	0.05	0.06	0.06	0.04
teser	−0.01	−0.12**	−0.05	−0.01	0.05	0.07	0.07*	0.06	0.09*	0.07*	0.05
tesoc	0.00	−0.09*	0.00	−0.04	0.06	0.03	0.12**	0.08*	0.05	0.08*	−0.01
teinc	−0.02	−0.10**	−0.03	−0.04	0.02	0.01	0.05	0.06	0.03	0.04	0.04
tered	−0.04	−0.09*	−0.02	−0.06	0.01	0.03	0.07*	0.04	0.03	0.04	−0.06
tesum	−0.01	−0.11**	0.01	−0.04	0.04	0.03	0.09*	0.07*	0.06	0.07	0.01

续上表

	12	13	14	15	16	17	18	19	20	21	22
grcar											
grref											
grove											
graut											
stsec											
stser											
stsoc											
stinc											
stred											
stsum											
pasec											
paser	1										
pasoc	0.61***	1									
painc	0.65***	0.79***	1								
pared	0.70***	0.70***	0.76***	1							
pasum	0.83***	0.87***	0.93***	0.87**	1						
tesec	0.06	0.06	0.04	0.11**	0.08*	1					
teser	0.10**	0.08*	0.04	0.12**	0.09*	0.79***	1				
tesoc	0.02	0.09*	0.04	0.07	0.06	0.67***	0.64***	1			
teinc	0.02	0.06	0.04	0.04	0.05	0.64***	0.57***	0.70***	1		
tered	−0.01	0.01	−0.01	0.03	0.01	0.74***	0.75***	0.76***	0.65***	1	
tesum	0.00	0.03	0.03	0.06	0.04	0.75***	0.73***	0.73***	0.77***	0.79***	1

注：grcar=隔代关怀；grref=隔代拒绝；grove=隔代过度保护；graut=隔代自主性；stsec=学生报告自我认知；stser=学生报告自我管理；stsoc=学生报告社会认知；stinc=学生报告人际交往技能；stred=学生报告负责任决策；stsum=学生报告总体社会情感能力；pasec=父母报告自我认知；paser=父母报告自我管理；pasoc=父母报告社会认知；painc=父母报告人际交往技能；pared=父母报告负责任决策；pasum=父母报告总体社会情感能力；tesec=教师报告自我认知；teser=教师报告自我管理；tesoc=教师报告社会认知；teinc=教师报告人际交往技能；tered=教师报告负责任决策；tesum=教师报告总体社会情感能力。

表 2 各变量的描述性统计和相关分析（隔代教养方式和社会情感能力相关分析）

	1	2	3	4	5	6	7	8	9	10	11
grcar	1										
grref	−0.44***	1									
grove	−0.03	0.46***	1								
graut	0.56***	−0.26***	−0.16***	1							
stsec	0.31***	−0.05	0.00	0.26***	1						
stser	0.27***	0.00	0.02	0.28***	0.71***	1					
stsoc	0.31***	−0.03	0.03	0.23***	0.75***	0.63***	1				
stinc	0.31***	−0.07	−0.01	0.29***	0.81***	0.66***	0.76***	1			
stred	0.27***	−0.06	−0.05	0.24***	0.76***	0.71***	0.66***	0.72***	1		
stsum	0.33***	−0.05	0.00	0.30***	0.91***	0.84***	0.85***	0.92***	0.85***	1	
pasec	0.18***	−0.16***	−0.18***	0.20***	0.35***	0.32***	0.34***	0.33***	0.39***	0.39***	1
paser	0.20***	−0.11**	−0.16***	0.20***	0.32***	0.40***	0.31***	0.27***	0.35***	0.37***	0.74***
pasoc	0.18***	−0.15***	−0.10*	0.15***	0.31***	0.25***	0.37***	0.32***	0.30***	0.35***	0.70***
painc	0.20***	−0.18***	−0.13**	0.20***	0.38***	0.31***	0.39***	0.42***	0.38***	0.43***	0.78***
pared	0.23***	−0.17***	−0.13**	0.20***	0.34***	0.30***	0.34***	0.31***	0.41***	0.37***	0.77***
pasum	0.23***	−0.18***	−0.14***	0.21***	0.39***	0.35***	0.40***	0.38***	0.41***	0.44***	0.88***
tesec	0.04	−0.16***	−0.11**	0.00	0.04	0.03	0.08*	0.05	0.06	0.06	0.04
teser	0.01	−0.08	−0.05	−0.03	0.05	0.07	0.07*	0.06	0.09*	0.07*	0.05
tesoc	0.02	−0.08*	0.00	−0.04	0.06	0.03	0.12**	0.08*	0.05	0.08*	−0.01
teinc	−0.05	−0.11**	−0.06	−0.03	0.02	0.01	0.05	0.06	0.03	0.04	0.04
tered	0.03	−0.08	−0.04	−0.03	0.01	0.03	0.07*	0.04	0.03	0.04	−0.06
tesum	0.01	−0.08*	−0.01	−0.01	0.04	0.03	0.09*	0.07*	0.06	0.07	0.01

续上表

	12	13	14	15	16	17	18	19	20	21	22
grcar											
grref											
grove											
graut											
stsec											
stser											
stsoc											
stinc											
stred											
stsum											
pasec											
paser	1										
pasoc	0.61***	1									
painc	0.65***	0.79***	1								
pared	0.69***	0.70***	0.76***	1							
pasum	0.83***	0.87***	0.93***	0.87***	1						
tesec	0.06	0.06	0.04	0.11**	0.08*	1					
teser	0.10**	0.08*	0.04	0.12**	0.09*	0.79***	1				
tesoc	0.02	0.09*	0.04	0.07	0.06	0.67***	0.64***	1			
teinc	0.02	0.06	0.04	0.04	0.05	0.64***	0.57***	0.70***	1		
tered	−0.01	0.01	−0.01	0.03	0.01	0.74***	0.75***	0.76***	0.65***	1	
tesum	0.00	0.03	0.03	0.06	0.04	0.75***	0.73***	0.73***	0.77***	0.79***	1

注：grcar=隔代关怀；grref=隔代拒绝；grove=隔代过度保护；graut=隔代自主性；stsec=学生报告自我认知；stser=学生报告自我管理；stsoc=学生报告社会认知；stinc=学生报告人际交往技能；stred=学生报告负责任的决策；stsum=学生报告总体社会情感能力；pasec=父母报告自我认知；paser=父母报告自我管理；pasoc=父母报告社会认知；painc=父母报告人际交往技能；pared=父母报告负责任的决策；pasum=父母报告总体社会情感能力；tesec=教师报告自我认知；teser=教师报告自我管理；tesoc=教师报告社会认知；teinc=教师报告人际交往技能；tered=教师报告负责任的决策；tesum=教师报告总体社会情感能力。

表 3　父母教养方式在隔代教养方式对学生报告社会情感能力影响中的中介作用

中介效应路径	*β*	Boot 标准误	95%C. I.
gracar→sdsec	0.12***	0.03	[0.058,0.180]
gracar→pacar→sdsec	0.11***	0.03	[0.054,0.160]
gracar→paref→sdsec	−0.00	0.00	[−0.008,0.006]
gracar→paove→sdsec	0.01	0.01	[−0.007,0.018]
gracar→paaut→sdsec	0.01	0.01	[−0.011,0.026]
graref→sdsec	−0.00	0.03	[−0.083,0.072]
graref→pacar→sdsec	−0.01	0.01	[−0.031,0.017]
graref→paref→sdsec	−0.01	0.02	[−0.082,0.059]
graref→paove→sdsec	0.01	0.01	[−0.013,0.038]
graref→paaut→sdsec	0.00	0.01	[−0.014,0.015]
graove→sdsec	0.01	0.02	[−0.047,0.086]
graove→pacar→sdsec	0.00	0.01	[−0.020,0.020]
graove→paref→sdsec	−0.00	0.01	[−0.025,0.018]
graove→paove→sdsec	0.02	0.02	[−0.036,0.094]
graove→paaut→sdsec	−0.00	0.01	[−0.019,0.006]
graaut→sdsec	0.07*	0.03	[0.009,0.128]
graaut→pacar→sdsec	0.00	0.01	[−0.017,0.027]
graaut→paref→sdsec	−0.00	0.00	[−0.009,0.006]
graaut→paove→sdsec	−0.00	0.00	[−0.007,0.005]
graaut→paaut→sdsec	0.07*	0.03	[0.009,0.122]
gracar→sdser	0.10***	0.03	[0.045,0.151]
gracar→pacar→sdser	0.08***	0.02	[0.037,0.132]
gracar→paref→sdser	0.00	0.00	[−0.006,0.010]
gracar→paove→sdser	0.00	0.01	[−0.009,0.017]
gracar→paaut→sdser	0.01	0.01	[−0.010,0.026]
graref→sdser	0.04	0.04	[−0.042,0.114]

续上表

中介效应路径	β	Boot 标准误	95%C. I.
graref→pacar→sdser	−0.01	0.01	[−0.025,0.014]
graref→paref→sdser	0.02	0.03	[−0.046,0.109]
graref→paove→sdser	0.01	0.01	[−0.018,0.036]
graref→paaut→sdser	0.00	0.01	[−0.015,0.016]
graove→sdser	0.02	0.03	[−0.045,0.095]
graove→pacar→sdser	0.00	0.01	[−0.016,0.016]
graove→paref→sdser	0.01	0.01	[−0.013,0.034]
graove→paove→sdser	0.02	0.03	[−0.048,0.091]
graove→paaut→sdser	−0.01	0.01	[−0.019,0.006]
graaut→sdser	0.08**	0.03	[0.019,0.133]
graaut→pacar→sdser	0.00	0.01	[−0.015,0.023]
graaut→paref→sdser	0.00	0.00	[−0.005,0.012]
graaut→paove→sdser	0.00	0.00	[−0.006,0.005]
graaut→paaut→sdser	0.07*	0.03	[0.015,0.124]
gracar→sdsoc	0.08**	0.03	[0.024,0.137]
gracar→pacar→sdsoc	0.08**	0.03	[0.022,0.127]
gracar→paref→sdsoc	−0.00	0.00	[−0.010,0.006]
gracar→paove→sdsoc	0.00	0.01	[−0.012,0.015]
gracar→paaut→sdsoc	0.01	0.01	[−0.010,0.022]
graref→sdsoc	−0.02	0.03	[−0.103,0.045]
graref→pacar→sdsoc	−0.00	0.01	[−0.022,0.013]
graref→paref→sdsoc	−0.02	0.03	[−0.103,0.047]
graref→paove→sdsoc	0.00	0.01	[−0.025,0.032]
graref→paaut→sdsoc	0.00	0.01	[−0.012,0.013]
graove→sdsoc	−0.00	0.03	[−0.073,0.061]
graove→pacar→sdsoc	0.00	0.01	[−0.015,C.015]

续上表

中介效应路径	β	Boot 标准误	95%C. I.
graove→paref→sdsoc	−0. 01	0. 01	[−0. 033,0. 015]
graove→paove→sdsoc	0. 01	0. 03	[−0. 066,0. 082]
graove→paaut→sdsoc	−0. 00	0. 00	[−0. 016,0. 006]
graaut→sdsoc	0. 04	0. 03	[−0. 009,0. 114]
graaut→pacar→sdsoc	0. 00	0. 00	[−0. 014,0. 021]
graaut→paref→sdsoc	−0. 00	0. 00	[−0. 012,0. 006]
graaut→paove→sdsoc	0. 00	0. 00	[−0. 005,0. 005]
graaut→paaut→sdsoc	0. 04	0. 02	[−0. 007,0. 112]
gracar→sdinc	0. 10***	0. 03	[0. 045,0. 161]
gracar→pacar→sdinc	0. 09**	0. 03	[0. 037,0. 146]
gracar→paref→sdinc	−0. 00	0. 00	[−0. 008,0. 006]
gracar→paove→sdinc	0. 01	0. 01	[−0. 007,0. 019]
gracar→paaut→sdinc	0. 01	0. 01	[−0. 010,0. 024]
graref→sdinc	−0. 01	0. 02	[−0. 082,0. 055]
graref→pacar→sdinc	−0. 00	0. 01	[−0. 027,0. 015]
graref→paref→sdinc	−0. 01	0. 02	[−0. 085,0. 041]
graref→paove→sdinc	0. 01	0. 01	[−0. 013,0. 040]
graref→paaut→sdinc	0. 00	0. 00	[−0. 013,0. 014]
graove→sdinc	0. 01	0. 02	[−0. 046,0. 083]
graove→pacar→sdinc	0. 00	0. 01	[−0. 017,0. 017]
graove→paref→sdinc	−0. 01	0. 01	[−0. 027,0. 013]
graove→paove→sdinc	0. 02	0. 02	[−0. 034,0. 097]
graove→paaut→sdinc	−0. 00	0. 00	[−0. 018,0. 006]
graaut→sdinc	0. 06*	0. 03	[0. 001,0. 124]
graaut→pacar→sdinc	0. 00	0. 01	[−0. 016,0. 025]
graaut→paref→sdinc	−0. 00	0. 00	[−0. 009,0. 005]

续上表

中介效应路径	β	Boot 标准误	95%C. I.
graaut→paove→sdinc	−0. 00	0. 00	[−0. 007,0. 006]
graaut→paaut→sdinc	0. 06*	0. 03	[0. 001,0. 121]
gracar→sdred	0. 09**	0. 03	[0. 037,0. 150]
gracar→pacar→sdred	0. 09***	0. 03	[0. 044,0. 142]
gracar→paref→sdred	0. 00	0. 00	[−0. 006,0. 009]
gracar→paove→sdred	−0. 01	0. 01	[−0. 022,0. 005]
gracar→paaut→sdred	0. 01	0. 01	[−0. 010,0. 026]
graref→sdred	−0. 00	0. 03	[−0. 079,0. 076]
graref→pacar→sdred	−0. 00	0. 01	[−0. 027,0. 015]
graref→paref→sdred	0. 02	0. 02	[−0. 051,0. 098]
graref→paove→sdred	−0. 01	0. 01	[−0. 046,0. 008]
graref→paaut→sdred	0. 00	0. 01	[−0. 014,0. 015]
graove→sdred	−0. 03	0. 02	[−0. 065,0. 079]
graove→pacar→sdred	0. 00	0. 01	[−0. 038,0. 016]
graove→paref→sdred	0. 01	0. 01	[−0. 014,0. 021]
graove→paove→sdred	−0. 03	0. 02	[−0. 058,0. 087]
graove→paaut→sdred	−0. 00	0. 00	[−0. 008,0. 009]
graaut→sdred	0. 08**	0. 03	[0. 019,0. 135]
graaut→pacar→sdred	0. 00	0. 01	[−0. 015,0. 024]
graaut→paref→sdred	0. 00	0. 00	[−0. 006,0. 011]
graaut→paove→sdred	0. 00	0. 00	[−0. 005,0. 008]
graaut→paaut→sdred	0. 07*	0. 03	[0. 014,0. 123]
gracar→sdsum	0. 11***	0. 03	[0. 055,0. 171]
gracar→pacar→sdsum	0. 10***	0. 03	[0. 052,0. 153]
gracar→paref→sdsum	0. 00	0. 00	[−0. 006,0. 006]
gracar→paove→sdsum	0. 00	0. 01	[−0. 009,0. 015]

续上表

中介效应路径	β	Boot 标准误	95%C. I.
gracar→paaut→sdsum	0.01	0.01	[−0.011,0.027]
graref→sdsum	−0.00	0.02	[−0.026,0.093]
graref→pacar→sdsum	−0.00	0.01	[−0.044,0.027]
graref→paref→sdsum	−0.00	0.02	[−0.022,0.085]
graref→paove→sdsum	0.00	0.01	[−0.012,0.028]
graref→paaut→sdsum	0.00	0.01	[−0.010,0.016]
graove→sdsum	0.01	0.02	[−0.043,0.097]
graove→pacar→sdsum	0.00	0.01	[−0.045,0.019]
graove→paref→sdsum	0.00	0.01	[−0.008,0.025]
graove→paove→sdsum	0.01	0.02	[−0.039,0.098]
graove→paaut→sdsum	−0.00	0.00	[−0.011,0.013]
graaut→sdsum	0.08*	0.03	[0.015,0.134]
graaut→pacar→sdsum	0.01	0.01	[−0.017,0.027]
graaut→paref→sdsum	0.00	0.00	[−0.007,0.007]
graaut→paove→sdsum	0.00	0.00	[−0.005,0.004]
graaut→paaut→sdsum	0.07*	0.03	[0.014,0.127]

注:gracar=祖辈关怀;graref=祖辈拒绝;graove=祖辈过度保护;graaut=祖辈自主性;pacar=父母关怀;paref=父母拒绝;paove=父母过度保护;paaut=父母自主性;pasec=父母报告学生自我认知;paser=父母报告学生自我管理;pasoc=父母报告学生社会认知;painc=父母报告学生人际交往;pared=父母报告学生负责任决策;pasum=父母报告学生总体社会情感能力。

表 4　父母教养方式在隔代教养方式对父母报告社会情感能力影响中的中介作用

中介效应路径	β	Boot 标准误	95%C. I.
gracar→pasec	−0.00	0.07	[−0.031,0.107]
gracar→pacar→pasec	0.01	0.02	[−0.038,0.097]
gracar→paref→pasec	−0.00	0.01	[−0.017,0.014]
gracar→paove→pasec	−0.02	0.01	[−0.008,0.010]
gracar→paaut→pasec	0.01	0.01	[−0.021,0.039]
graref→pasec	−0.09*	0.04	[−0.169,0.016]
graref→pacar→pasec	−0.00	0.00	[−0.008,0.006]
graref→paref→pasec	−0.06	0.04	[−0.127,0.014]
graref→paove→pasec	−0.04*	0.02	[−0.067,0.004]
graref→paaut→pasec	0.00	0.01	[−0.014,0.014]
graove→pasec	−0.11**	0.04	[−0.176,0.037]
graove→pacar→pasec	0.00	0.00	[−0.005,0.005]
graove→paref→pasec	−0.02	0.01	[−0.042,0.006]
graove→paove→pasec	−0.08*	0.04	[−0.153,−0.013]
graove→paaut→pasec	−0.01	0.01	[−0.019,0.007]
graaut→pasec	0.06*	0.03	[0.008,0.112]
graaut→pacar→pasec	0.00	0.00	[−0.006,0.007]
graaut→paref→pasec	−0.01	0.01	[−0.017,0.006]
graaut→paove→pasec	0.00	0.01	[−0.010,0.013]
graaut→paaut→pasec	0.06*	0.03	[0.012,0.114]
gracar→paser	0.02	0.03	[−0.034,0.118]
gracar→pacar→paser	0.02	0.03	[−0.034,0.116]
gracar→paref→paser	−0.00	0.00	[−0.011,0.010]
gracar→paove→paser	−0.01	0.01	[−0.010,0.011]
gracar→paaut→paser	0.00	0.01	[−0.028,0.031]
graref→paser	−0.03	0.04	[−0.082,0.033]

续上表

中介效应路径	β	Boot 标准误	95%C. I.
graref→pacar→paser	−0. 00	0. 01	[−0. 013,0. 009]
graref→paref→paser	−0. 01	0. 04	[−0. 081,0. 032]
graref→paove→paser	−0. 02	0. 02	[−0. 022,0. 025]
graref→paaut→paser	0. 00	0. 00	[−0. 008,0. 008]
graove→paser	−0. 05	0. 04	[−0. 085,0. 075]
graove→pacar→paser	0. 00	0. 00	[−0. 014,0. 008]
graove→paref→paser	−0. 00	0. 01	[−0. 026,0. 012]
graove→paove→paser	−0. 05	0. 04	[−0. 075,0. 085]
graove→paaut→paser	−0. 00	0. 00	[−0. 006,0. 006]
graaut→paser	0. 03	0. 03	[−0. 057,0. 044]
graaut→pacar→paser	0. 00	0. 00	[−0. 016,0. 008]
graaut→paref→paser	−0. 00	0. 01	[−0. 020,0. 009]
graaut→paove→paser	0. 00	0. 00	[−0. 010,0. 011]
graaut→paaut→paser	0. 03	0. 03	[−0. 042,0. 046]
gracar→pasoc	0. 04	0. 03	[−0. 028,0. 121]
gracar→pacar→pasoc	0. 05	0. 03	[−0. 033,0. 122]
gracar→paref→pasoc	0. 00	0. 00	[−0. 017,0. 014]
gracar→paove→pasoc	−0. 01	0. 01	[−0. 010,0. 009]
gracar→paaut→pasoc	0. 00	0. 01	[−0. 028,0. 036]
graref→pasoc	−0. 03	0. 04	[−0. 111,0. 005]
graref→pacar→pasoc	−0. 00	0. 01	[−0. 014,0. 010]
graref→paref→pasoc	0. 00	0. 04	[−0. 106,0. 006]
graref→paove→pasoc	−0. 02	0. 02	[−0. 024,0. 020]
graref→paaut→pasoc	0. 00	0. 00	[−0. 009,0. 010]
graove→pasoc	−0. 05	0. 04	[−0. 100,0. 052]
graove→pacar→pasoc	0. 00	0. 01	[−0. 015,0. 008]

续上表

中介效应路径	*β*	Boot 标准误	95%C. I.
graove→paref→pasoc	0.00	0.01	[−0.034,0.006]
graove→paove→pasoc	−0.05	0.04	[−0.083,0.070]
graove→paaut→pasoc	−0.00	0.00	[−0.007,0.007]
graaut→pasoc	0.01	0.03	[−0.068,0.049]
graaut→pacar→pasoc	0.00	0.01	[−0.018,0.009]
graaut→paref→pasoc	0.00	0.01	[−0.028,0.007]
graaut→paove→pasoc	0.00	0.00	[−0.011,0.009]
graaut→paaut→pasoc	0.01	0.03	[−0.042,0.055]
gracar→painc	0.05*	0.03	[0.002,0.102]
gracar→pacar→painc	0.07**	0.03	[0.018,0.117]
gracar→paref→painc	−0.00	0.00	[−0.009,0.006]
gracar→paove→painc	−0.01	0.01	[−0.030,0.003]
gracar→paaut→painc	0.00	0.00	[−0.008,0.008]
graref→painc	−0.06	0.04	[−0.132,0.014]
graref→pacar→painc	−0.01	0.01	[−0.023,0.012]
graref→paref→painc	−0.02	0.04	[−0.092,0.048]
graref→paove→painc	−0.03*	0.02	[−0.061,−0.002]
graref→paaut→painc	0.00	0.00	[−0.005,0.005]
graove→painc	−0.08*	0.03	[−0.145,−0.015]
graove→pacar→painc	0.00	0.01	[−0.014,0.015]
graove→paref→painc	−0.01	0.01	[−0.030,0.016]
graove→paove→painc	−0.07*	0.03	[−0.138,−0.008]
graove→paaut→painc	0.00	0.00	[−0.007,0.007]
graaut→painc	0.00	0.03	[−0.071,0.038]
graaut→pacar→painc	0.00	0.01	[−0.025,0.010]
graaut→paref→painc	−0.00	0.01	[−0.014,0.011]

续上表

中介效应路径	*β*	Boot 标准误	95%C. I.
graaut→paove→painc	−0.00	0.01	[−0.017,0.008]
graaut→paaut→painc	−0.00	0.03	[−0.049,0.043]
gracar→pared	0.04	0.03	[−0.036,0.185]
gracar→pacar→pared	0.06	0.02	[−0.048,0.194]
gracar→paref→pared	−0.00	0.01	[−0.014,0.012]
gracar→paove→pared	−0.02	0.01	[−0.016,0.010]
gracar→paaut→pared	0.00	0.00	[−0.035,0.022]
graref→pared	−0.09*	0.04	[−0.167,−0.021]
graref→pacar→pared	−0.00	0.01	[−0.019,0.011]
graref→paref→pared	−0.05	0.04	[−0.119,0.020]
graref→paove→pared	−0.04*	0.02	[−0.074,−0.006]
graref→paaut→pared	0.00	0.00	[−0.006,0.006]
graove→pared	−0.11**	0.04	[−0.179,−0.040]
graove→pacar→pared	0.00	0.01	[−0.012,0.012]
graove→paref→pared	−0.02	0.01	[−0.039,0.007]
graove→paove→pared	−0.09*	0.04	[−0.165,−0.021]
graove→paaut→pared	−0.00	0.00	[−0.008,0.006]
graaut→pared	0.01	0.03	[−0.089,0.020]
graaut→pacar→pared	0.00	0.01	[−0.035,0.012]
graaut→paref→pared	−0.01	0.01	[−0.024,0.007]
graaut→paove→pared	0.00	0.01	[−0.015,0.008]
graaut→paaut→pared	0.01	0.03	[−0.053,0.031]
gracar→pasum	0.04	0.03	[−0.011,0.090]
gracar→pacar→pasum	0.05*	0.03	[0.005,0.102]
gracar→paref→pasum	−0.00	0.00	[−0.009,0.006]
gracar→paove→pasum	−0.01	0.01	[−0.031,0.004]

续上表

中介效应路径	β	Boot 标准误	95%C. I.
gracar→paaut→pasum	0.00	0.01	[−0.008,0.011]
graref→pasum	−0.06	0.04	[−0.099,0.015]
graref→pacar→pasum	−0.00	0.01	[−0.019,0.012]
graref→paref→pasum	−0.03	0.04	[−0.088,0.021]
graref→paove→pasum	−0.03	0.02	[−0.027,0.016]
graref→paaut→pasum	0.00	0.00	[−0.008,0.009]
graove→pasum	−0.08*	0.04	[−0.150,−0.015]
graove→pacar→pasum	0.00	0.01	[−0.012,0.012]
graove→paref→pasum	−0.01	0.01	[−0.032,0.014]
graove→paove→pasum	−0.07*	0.04	[−0.142,−0.004]
graove→paaut→pasum	−0.00	0.00	[−0.009,0.006]
graaut→pasum	0.02	0.03	[−0.067,0.039]
graaut→pacar→pasum	0.00	0.01	[−0.023,0.009]
graaut→paref→pasum	−0.00	0.01	[−0.022,0.008]
graaut→paove→pasum	0.00	0.01	[−0.012,0.008]
graaut→paaut→pasum	0.01	0.03	[−0.043,0.046]

注：gracar＝祖辈关怀；graref＝祖辈拒绝；graove＝祖辈过度保护；graaut＝祖辈自主性；pacar＝父母关怀；paref＝父母拒绝；paove＝父母过度保护；paaut＝父母自主性；tesec＝教师报告学生自我认知；teser＝教师报告学生自我管理；tesoc＝教师报告学生社会认知；teinc＝教师报告学生人际交往；tered＝教师报告学生负责任决策；tesum＝教师报告学生总体社会情感能力。

表 5 父母教养方式在隔代教养方式对教师报告社会情感能力影响中的中介作用

中介效应路径	β	Boot 标准误	95%C. I.
gracar→tesec	−0.04	0.02	[−0.086,0.009]
gracar→pacar→tesec	−0.04	0.02	[−0.081,0.006]
gracar→paref→tesec	−0.01	0.01	[−0.029,0.011]
gracar→paove→tesec	0.01	0.01	[−0.008,0.024]
gracar→paaut→tesec	−0.00	0.00	[−0.009,0.007]
graref→tesec	−0.11**	0.04	[−0.187,−0.035]
graref→pacar→tesec	0.00	0.01	[−0.008,−0.014]
graref→paref→tesec	−0.13**	0.04	[−0.212,−0.054]
graref→paove→tesec	0.02	0.02	[−0.011,0.049]
graref→paaut→tesec	0.00	0.00	[−0.005,0.005]
graove→tesec	0.00	0.03	[−0.063,0.068]
graove→pacar→tesec	0.00	0.01	[−0.009,0.009]
graove→paref→tesec	−0.04**	0.02	[−0.074,−0.011]
graove→paove→tesec	0.04	0.03	[−0.022,0.111]
graove→paaut→tesec	0.00	0.00	[−0.006,0.007]
graaut→tesec	−0.02	0.03	[−0.074,0.025]
graaut→pacar→tesec	−0.00	0.01	[−0.013,0.009]
graaut→paref→tesec	−0.01	0.01	[−0.034,0.007]
graaut→paove→tesec	−0.00	0.00	[−0.007,0.016]
graaut→paaut→tesec	−0.01	0.03	[−0.060,0.029]
gracar→teser	−0.05	0.02	[−0.130,0.010]
gracar→pacar→teser	−0.04	0.02	[−0.109,0.028]
gracar→paref→teser	−0.01	0.01	[−0.013,0.011]
gracar→paove→teser	0.00	0.01	[−0.009,0.011]
gracar→paaut→teser	0.00	0.00	[−0.051,0.012]
graref→teser	−0.11**	0.04	[−0.180,−0.034]

续上表

中介效应路径	β	Boot 标准误	95%C. I.
graref→pacar→teser	0.00	0.01	[−0.009,0.015]
graref→paref→teser	−0.12**	0.04	[−0.196,−0.042]
graref→paove→teser	0.01	0.02	[−0.022,0.040]
graref→paaut→teser	0.00	0.00	[−0.005,0.005]
graove→teser	−0.02	0.04	[−0.086,0.051]
graove→pacar→teser	0.00	0.01	[−0.010,0.010]
graove→paref→teser	−0.04*	0.02	[−0.069,−0.008]
graove→paove→teser	0.02	0.04	[−0.050,0.091]
graove→paaut→teser	0.00	0.00	[−0.006,0.007]
graaut→teser	−0.02	0.03	[−0.086,0.020]
graaut→pacar→teser	−0.00	0.01	[−0.007,0.015]
graaut→paref→teser	−0.01	0.01	[−0.023,0.009]
graaut→paove→teser	0.00	0.00	[−0.009,0.011]
graaut→paaut→teser	−0.00	0.03	[−0.078,0.016]
gracar→tesoc	−0.03	0.02	[−0.163,−0.030]
gracar→pacar→tesoc	−0.03	0.02	[−0.147,−0.014]
gracar→paref→tesoc	−0.01	0.01	[−0.017,0.014]
gracar→paove→tesoc	0.01	0.01	[−0.009,0.010]
gracar→paaut→tesoc	−0.00	0.01	[−0.043,0.013]
graref→tesoc	−0.08*	0.04	[−0.153,−0.004]
graref→pacar→tesoc	0.00	0.01	[−0.007,0.011]
graref→paref→tesoc	−0.09*	0.04	[−0.168,−0.015]
graref→paove→tesoc	0.01	0.02	[−0.020,0.042]
graref→paaut→tesoc	0.00	0.00	[−0.006,0.006]
graove→tesoc	−0.00	0.04	[−0.072,0.067]
graove→pacar→tesoc	0.00	0.00	[−0.007,0.007]

续上表

中介效应路径	β	Boot 标准误	95%C. I.
graove→paref→tesoc	−0. 03*	0. 02	[−0. 059,0. 000]
graove→paove→tesoc	0. 03	0. 04	[−0. 046,0. 097]
graove→paaut→tesoc	0. 00	0. 00	[−0. 006,0. 009]
graaut→tesoc	−0. 03	0. 03	[−0. 080,0. 027]
graaut→pacar→tesoc	−0. 00	0. 01	[−0. 010,0. 007]
graaut→paref→tesoc	−0. 01	0. 01	[−0. 023,0. 006]
graaut→paove→tesoc	−0. 00	0. 00	[−0. 007,0. 005]
graaut→paaut→tesoc	−0. 02	0. 03	[−0. 70,0. 039]
gracar→teinc	−0. 01	0. 02	[−0. 145,0. 007]
gracar→pacar→teinc	−0. 01	0. 02	[−0. 123,0. 010]
gracar→paref→teinc	−0. 00	0. 01	[−0. 013,0. 011]
gracar→paove→teinc	0. 01	0. 01	[−0. 010,0. 014]
gracar→paaut→teinc	−0. 00	0. 01	[−0. 051,0. 010]
graref→teinc	−0. 05	0. 04	[−0. 085,0. 034]
graref→pacar→teinc	0. 00	0. 00	[−0. 010,0. 016]
graref→paref→teinc	−0. 07	0. 04	[−0. 094,0. 024]
graref→paove→teinc	0. 02	0. 02	[−0. 015,0. 033]
graref→paaut→teinc	0. 00	0. 00	[−0. 016,0. 011]
graove→teinc	0. 02	0. 04	[−0. 052,0. 104]
graove→pacar→teinc	0. 00	0. 00	[−0. 008,0. 016]
graove→paref→teinc	−0. 02	0. 01	[−0. 029,0. 010]
graove→paove→teinc	0. 04	0. 04	[−0. 047,0. 112]
graove→paaut→teinc	0. 00	0. 00	[−0. 012,0. 010]
graaut→teinc	−0. 03	0. 03	[−0. 084,0. 021]
graaut→pacar→teinc	−0. 00	0. 00	[−0. 008,0. 019]
graaut→paref→teinc	−0. 01	0. 01	[−0. 023,0. 008]

续上表

中介效应路径	β	Boot 标准误	95%C. I.
graaut→paove→teinc	−0.00	0.00	[−0.008,0.014]
graaut→paaut→teinc	−0.02	0.03	[−0.078,0.013]
gracar→tered	−0.06*	0.02	[−0.107,−0.012]
gracar→pacar→tered	−0.06*	0.02	[−0.101,−0.011]
gracar→paref→tered	−0.01	0.01	[−0.026,0.011]
gracar→paove→tered	0.01	0.01	[−0.010,0.022]
gracar→paaut→tered	−0.00	0.01	[−0.011,0.007]
graref→tered	−0.10*	0.04	[−0.174,−0.022]
graref→pacar→tered	0.00	0.01	[−0.011,0.020]
graref→paref→tered	−0.12**	0.04	[−0.194,−0.037]
graref→paove→tered	0.01	0.02	[−0.019,0.046]
graref→paaut→tered	0.00	0.00	[−0.006,0.006]
graove→tered	−0.00	0.04	[−0.076,0.067]
graove→pacar→tered	0.00	0.01	[−0.013,0.012]
graove→paref→tered	−0.04*	0.02	[−0.068,−0.006]
graove→paove→tered	0.03	0.04	[−0.043,0.106]
graove→paaut→tered	−0.00	0.00	[−0.006,0.009]
graaut→tered	−0.03	0.03	[−0.074,0.032]
graaut→pacar→tered	−0.00	0.01	[−0.009,0.026]
graaut→paref→tered	−0.01	0.01	[−0.031,0.008]
graaut→paove→tered	−0.00	0.00	[−0.008,0.014]
graaut→paaut→tered	−0.02	0.03	[−0.066,0.024]
gracar→tesum	−0.03	0.02	[−0.136,0.005]
gracar→pacar→tesum	−0.03	0.02	[−0.118,0.023]
gracar→paref→tesum	−0.01	0.01	[−0.013,0.012]
gracar→paove→tesum	0.01	0.01	[−0.009,0.014]

续上表

中介效应路径	β	Boot 标准误	95%C. I.
gracar→paaut→tesum	−0.00	0.01	[−0.051,0.011]
graref→tesum	−0.09*	0.04	[−0.167,−0.021]
graref→pacar→tesum	0.00	0.01	[−0.008,0.013]
graref→paref→tesum	−0.02**	0.04	[−0.196,−0.043]
graref→paove→tesum	0.02	0.02	[−0.009,0.055]
graref→paaut→tesum	0.00	0.00	[−0.007,0.007]
graove→tesum	0.02	0.03	[−0.051,0.084]
graove→pacar→tesum	0.00	0.00	[−0.008,0.008]
graove→paref→tesum	−0.04*	0.02	[−0.069,−0.008]
graove→paove→tesum	0.05	0.04	[−0.017,0.123]
graove→paaut→tesum	0.00	0.00	[−0.005,0.010]
graaut→tesum	−0.04	0.03	[−0.083,0.021]
graaut→pacar→tesum	−0.00	0.01	[−0.008,0.016]
graaut→paref→tesum	−0.01	0.01	[−0.024,0.009]
graaut→paove→tesum	−0.00	0.00	[−0.007,0.013]
graaut→paaut→tesum	−0.02	0.03	[−0.077,0.014]

注：gracar=祖辈关怀；graref=祖辈拒绝；graove=祖辈过度保护；graaut=祖辈自主性；pacar=父母关怀；paref=父母拒绝；paove=父母过度保护；paaut=父母自主性；sdsec=学生报告自我认知；sdser=学生报告自我管理；sdsoc=学生报告社会认知；sdinc=学生报告人际交往；sdred=学生报告负责任决策；sdsum=学生报告总体社会情感能力。

后 记

写作这本书的过程，就像一次穿梭于学术理性与生命温度之间的跋涉。当最后一章落笔时，窗外的夜色已深，遇到的祖孙面孔、访谈录音里的哽咽和叹息、数据图表背后跳动的鲜活生命，却愈发清晰。本书虽以“隔代教养与儿童社会情感发展”为研究命题，但它的根脉始终深扎在中国社会的土壤之中，是城市化浪潮下千万家庭的代际迁徙，是传统伦理与现代教育的碰撞妥协，更是政策理想与生存现实之间的无声博弈。

写作之初，我曾困惑于如何平衡学术的冷峻与现实的温热。在一次访谈中，一位母亲面对孩子在与同学交往过程中所表现出来的情绪冲动问题，流着眼泪非常无奈地说：“没办法，姥姥在家不让说孩子，所以孩子在家就是我行我素。”这句话成为贯穿全书的隐喻。隔代教养的复杂性，从来不是家庭私域的孤立现象，而是社会转型期代际责任、教育资源与文化惯习的共谋结果。正是这些真实个体的困境与挣扎，让我在构建理论模型时始终警醒，数据的显著性不能遮蔽生命的褶皱，政策的宏大叙事必须俯身倾听角落的叹息。

当然，任何研究都是带着局限性的前行。尽管本书引入了结构方程模型、类型学框架等多维方法，但儿童社会情感能力的某些幽微之处，比如那些未被言说的孤独，或是代际冲突中转瞬即逝的妥协等，仍可能滑脱出现有理论的网眼。而《家庭教育促进法》实施后的追踪性影响，也需要更纵深的历时性研究。这些遗憾，既是学术的留白，亦是未来的路标。

最后，我想将这本书献给所有在代际接力中默默承重的祖辈。你们或许不熟悉“社会情感能力”这个专业术语，却在日复一日的做饭洗衣、风雨接送中，以最质朴的方式书写着中国式家庭教育的史诗。当我们讨论隔代教养的“科学化”时，不应忘记那些在时代夹缝中用力拥抱的温暖——那可能不够“正确”，却足够真实。

愿学术的烛光，终能照亮更多家庭的暗角；愿制度的温度，可让每一份隔代之爱不再孤独。

参 考 文 献

[1] 孟昭兰. 人类情绪[M]. 上海:上海人民出版社,1989.

[2] TIMONEN V,ARBER S. Introduction:A new look at grandparenting[J]. Contemporary grandparenting:Changing family relationships in global contexts,2012:1-27.

[3] 余逸群. 隔代教育的弊端[J]. 健康,2001(1):25-26.

[4] 李赐平. 当前隔代教育问题探析[J]. 淮北煤炭师范学院学报,2004,25(4):137-139.

[5] TINSLEY B R,PARKE R D. Grandparents as support and socialization agents[J]. In beyond the dyad,1984:161-194.

[6] BRYSON K,CASPER L M. Current population reports:Coresident grandparents and grandchildren[J]. Washington,DC:US bureau of the census,1999:23-33.

[7] 谭艳平. 孩童抚育对我国城乡家庭消费支出的影响研究[D]. 湘潭:湘潭大学,2021.

[8] SPILLMAN B C,PEZZIN L E. Potential and active family caregivers:Changing networks and the sandwich generation[J]. The milbank quarterly,2000,78(3):347-374.

[9] 卢富荣,宋煜静,刘路培,等. 隔代教育对孙辈和祖辈的影响:双刃剑效应[J]. 心理科学进展,2020,28(10):1733-1740.

[10] DARLING N,STEINBERG L. Parenting style as context:An integrative model [J]. Psychological bulletin,1003,113(3):487-496.

[11] OKPOKO J A F. Parenting the Nigerian adolescents towards smooth transition to adulthood[J]. Contemporary issues and research in adolescents,2004:275-288.

[12] UTTI A. Relationship between parenting styles and students academic achievement in secondary schools in Ethiopia East L. G. A. of Delta State[D]. Delta State: University Abaraka,2006.

[13] IGBO J N,IHEJIENE M A. Influence of parenting styles on deviant behaviors and academic achievement in secondary school students in Garoua,northern Cameroun [J]. International journal of educational science and research,2011,4(5):19-34.

[14] STEINBERG L,LAMBORN S D,DARLING N,et al. Over-time changes in adjustment and competence among adolescents from authoritative, authoritarian, indulgent, and neglectful families[J]. Child development,1994,65(3):754-770.

[15] 罗蕾,明桦,田园,等. 父母教养方式与大学生社会责任感的关系:自我控制的中介作用及其性别差异[J]. 心理发展与教育,2018,34(2):164-170.

[16] GALAMBOS N L,BARKER E T,ALMEIDA D M. Parents do matter:Trajectories of change in externalizing and internalizing problems in early adolescence[J]. Child development,2003,74(2):578-594.

[17] WOOD J J,MCLEOD B D,SIGMAN M,et al. Parenting and childhood anxiety:Theory, empirical findings,and future directions[J]. Journal of child psychology and psychiatry, 2003,44(1):134-151.

[18] BAUMRIND D. The permanence of change and the impermanence of stability[J]. Human development,1989,32(3-4):187-195.

[19] BAUMRIND D. The influence of parenting style on adolescent competence and substance use[J]. Journal of early adolescence,1991,11(1):56-95.

[20] STEINBERG L,FEGLEY S,DORNBUSCH S M. Negative impact of part-time work on adolescent adjustment: Evidence from a longitudinal study [J]. Developmental psychology,1993,29(2):171.

[21] STEINBERG L. We know some things:Parent-adolescent relationships in retrospect and prospect[J]. Journal of research on adolescence,2001,11(1):1-19.

[22] 黄中慧. 初中生社会情感能力与学习倦怠的关系研究[D]. 桂林:广西师范大学,2015.

[23] 胡伶,万恒. 农村寄宿制学生社会情感学习能力调查[J]. 中国教育学刊,2012(9):

5-10.

[24] 胡倩. 父母卷入与自闭症儿童的社会情感发展[D]. 上海：华东师范大学，2016.

[25] BAKER C E. Fathers' and mothers' home literacy involvement and children's cognitive and social emotional development: Implications for family literacy programs[J]. Applied developmental science, 2013, 17(4): 184-197.

[26] BRONFENBRENNER U, CECI S J. Nature-nuture reconceptualized in developmental perspective: A bioecological model[J]. Psychological review, 1994, 101(4): 568-571.

[27] BRONFENBRENNER U. Contexts of child rearing: Problems and prospects[J]. American psychologist, 1979, 34(10): 844-856.

[28] CLARKE-STEWART A, GRUBER C P, FITZGERALD L M. Children at home and in day care[M]. Mahwah: Lawrence Erlbaum Associates Inc., 1994.

[29] BERGER P L. The desecularization of the world[M]. Washington, DC: Ethics and public policy center, 1999.

[30] KESSLER R C. Posttraumatic stress disorder: the burden to the individual and to society[J]. Journal of clinical psychiatry, 2000, 61: 4-14.

[31] BREDEKAMP S, COPPLE C. Developmentally appropriate practice in early childhood programs[M]. Washington, DC: National association for the education of young children, 1997.

[32] SHAFFER G. Globalization and social protection: The impact of EU and international rules in the ratcheting up of US privacy standards[J]. Yale J. Int'l L., 2000, 25: 1.

[33] PARKE R D. Development in the family[J]. Annual review of psychology, 2004, 55: 365-399.

[34] LEARY A, KATZ L F. Coparenting, family-level processes, and peer outcomes: The moderating role of vagal tone[J]. Development and psychopathology, 2004, 16(3): 593-608.

[35] BELSKY J, FEARON R P. Exploring marriage-parenting typologies and their contextual

antecedents and developmental sequelae[J]. Development and psychopathology, 2004, 16(3): 501-523.

[36] PARKE R D, BURIEL R, EISENBERG N, et al. Handbook of child psychology: Social, emotional, and personality development[M]. New York: John Wiley & Sons, Inc., 2006.

[37] TAYLOR L C, CLAYTON J D, ROWLEY S J. Academic socialization: Understanding parental influences on children's school-related development in the early years[J]. Review of general psychology, 2004, 8(3): 163-178.

[38] BURTON J W. Conflict resolution and prevention[M]. New York: St. Martin's press, 1990.

[39] CARTER M J, FULLER C. Symbolic interactionism[J]. Sociopedia. isa, 2015, 1(1): 1-17.

[40] BLUMER H. Symbolic Interactionism: Perspective and method[M]. Berkeley: University of California, 1969.

[41] STRYKER S. From mead to a structural symbolic interactionism and beyond[J]. Annual review of sociology, 2008, 34: 15-31.

[42] MEAD G H, SCHUBERT C. Mind, self and society[M]. Chicago: University of Chicago, 1934.

[43] TOTKOVA Z. Symbolic interactionism and the perceived style of parenting[J]. Qualitative sociology review, 2019, 15(2): 172-184.

[44] SCHAEFER E S. A circumplex model for maternal behavior[J]. Journal of abnormal and social psychology, 1959, 59(2): 226-235.

[45] SCHWARZ J C, BARTON-HENRY M L, PRUZINSKY T. Assessing child-rearing behaviors: A comparison of ratings made by mother, father, child, and sibling on the CRPBI[J]. Child development, 1985, 56(2): 462-479.

[46] WILHELM K, NIVEN H, PARKER G, et al. The stability of the parental bonding

instrument over a 20-year period[J]. Psychological medicine, 2005, 35(3): 387-393.
[47] 王涛. "共生"视域下隔代教育的价值[J]. 学前教育研究, 2012, 11: 31-33.
[48] 徐友龙,周佳松,凌雁. "中国式隔代抚育"现象论析[J]. 浙江社会科学, 2019(10): 95-99.
[49] ROBERTSON J F. Grandmotherhood: A study of role conceptions[J]. Journal of marriage and the family, 1977, 39(1): 165-174.
[50] 卢富荣,宋煜静,刘路培,等. 隔代教育对孙辈和祖辈的影响:双刃剑效应[J]. 心理科学进展, 2020, 28(10): 1733-1740.
[51] 毛可,张翔. 城市儿童隔代教育研究综述:基于 21 世纪以来 CNKI 的文献分析[J]. 商丘师范学院学报, 2018, 34(8): 5-15.
[52] 朱子健. 隔代教育对儿童社会化的影响[D]. 大连:东北财经大学, 2018.
[53] 李娟. 共生视域下隔代教育的透视与思考[J]. 教育教学论坛, 2019, 23: 218-220.
[54] 阙攀. 隔代教育的不良影响及解决对策[J]. 盐城师范学院学报, 2011(2): 122-124.
[55] 孔屏,王玉香. 隔代教养与父母教养的比较研究[J]. 当代教育科学, 2013(11): 55-56.
[56] 卢乐珍. 隔代教育的利与弊(一)隔代教育:一个需要关注的问题[J]. 家庭教育, 2004, (10): 6-8.
[57] 张丽娜,刘艳玲. 隔代教育中幼儿心理发展的调查研究[J]. 才智, 2017, 31: 5.
[58] 许蓝予. 家庭教育中隔代教育存在的问题及成因分析[J]. 长春教育学院学报, 2019, 6: 28-29.
[59] 张耐. 老少配,祖孙情:祖父母家庭亲职教育方案[J]. 师友月刊, 2002, 422: 41-44.
[60] 邓长明,陈光虎,石淑华. 隔代带养儿童心理行为问题对比分析[J]. 中国心理卫生杂志, 2003, 17(3): 196-196.
[61] 旭东英,红西. 当前隔代教育存在的问题、归因及对策[J]. 西藏科技, 2011(12): 8-9.
[62] 郭筱琳. 隔代抚养对儿童言语能力、执行功能、心理理论发展的影响:一年追踪研

究[J]. 中国临床心理学杂志,2014,22(6):1072-1076.

[63] 张萌,冯美玲,胡冰洁,等. 隔代教养对幼儿依恋的影响研究[J]. 教育观察,2019,8(22):131-133.

[64] BERNICE L NEUGARTEN,KAROL K WEINSTEIN. The changing American grandparent[J]. Journal of marriage and family,1964,26(2):199-204.

[65] CHERLIN A,FURSTENBERG JR F F. Styles and strategies of grandparenting [J]. Sage Publications,Inc. ,1985:97-116.

[66] MUELLER M M,WILHELM B,ELDER JR G H. Variations in grandparenting [J]. Research on aging,2002,24(3):360-388.

[67] GRAY J,GERAGHTY R,RALPH D. New grandparents: Older people in the family[J]. Family rhythms:The changing textures of family life in Ireland,2016:167-194.

[68] LI Y,CUI N,KOK H T,et al. The relationship between parenting styles practiced by grandparents and children's emotional and behavioral problems[J]. Journal of child and family studies,2019,28(7):1899-1913.

[69] SZINOVACZ M E. Grandparents today:A demographic profile[J]. The gerontologist,1998,38(1):37-52.

[70] 方小平,陈水平,缪凌云,等. 不完全隔代教养家庭亲子教育和隔代教育边界意识探析[J]. 教育现代化,2020,2(18):143-145.

[71] 王极盛. 做合格的祖父母[J]. 时尚育儿,2014(1):1.

[72] 卢乐珍. 隔代教育的利与弊(二):四种隔代教育类型的对比分析[J]. 家庭教育,2004(10):9-11.

[73] 裴丽颖. 祖父母教养特点及其对幼儿发展的影响[D]. 济南:山东师范大学,2005.

[74] VIGUER P,MELÉNDEZ J C,VALENCIA S,et al. Grandparent-grandchild relationships from the children's perspective:Shared activities and socialization styles[J]. Spanish journal of psychology,2010,13(2):708-717.

[75] LUO Y,QI M,HUNTSINGER C S,et al. Grandparent involvement and preschoolers' social adjustment in Chinese three-generation families: Examining moderating and mediating effects[J]. Children and youth services review,2020,114:105057.

[76] DOLEY R,BELL R,WATT B,et al. Grandparents raising grandchildren: Investigating factors associated with distress among custodial grandparent[J]. Journal of family studies,2015,21(2):101-119.

[77] CHENG X,WU H. A survey on grandparents' involvement into children's life in Wuhan (in Chinese)[J]. Early childhood education,2013,12:46-54.

[78] LI X,ZHOU S,GUO Y. Bidirectional longitudinal relations between parent-grandparent co-parenting relationships and Chinese children's effortful control during early childhood [J]. Frontiers in psychology,2020,11:152.

[79] 王瑞晴.城市隔代教养冲突对儿童行为问题的影响:冲突应对的中介作用[D].北京:中国青年政治学院,2019.

[80] 杜红.学前儿童家庭教育中祖辈与父辈的价值冲突研究[D].成都:四川师范大学,2015.

[81] TERMAN L M. Terman life-cycle study of children with high ability,united states [EB/OL]. 2018. https://doi.org/10.3886/ICPSR08092.v4.

[82] GRUSEC JOAN E. Socialization processes in the family: Social and emotional development [J]. Annual review of psychology,2011,62(1):243-269.

[83] MORTIMER J T,ZHANG L,WU C Y,et al. Familial transmission of educational plans and the academic self-concept: A three-generation longitudinal study[J]. Social psychology quarterly,2017,80(1):85-107.

[84] GREEN A. Grandparents,communicative memory and narrative identity[J]. Oral history,2019:81-91.

[85] HÄLLSTEN M,PFEFFER F T. Grand advantage: Family wealth and grandchildren's educational achievement in Sweden[J]. American sociological review, 2017, 82(2):

328-360.

[86] 晏青,周倩,陈伟康.隔代教育对3—6岁儿童社会化研究的影响:以六盘水市为例[J].科技视界,2018(10):2-3.

[87] 聂丽萍.探讨隔代教养对儿童社会性发展的不利影响及对策[J].卫生职业教育,2012,30(5):2-4.

[88] 宗羽,秦大伟.隔代抚养对个体的影响与对策研究[J].成都师范学院学报,2017,33(7):36-40.

[89] 白哲.农村隔代抚养对儿童的影响及改善策略探究[J].内蒙古财经大学学报,2016,14(1):71-75.

[90] 孟庆艳.隔代教养对幼儿早期社会性发展的影响探讨[J].吉林省教育学院学报,2015,30(8):119-120.

[91] KLEINER H S, HERTZOG J, TARG D B. Grandparents acting as parents: Background information for educators[J]. Grandparents raising grandchildren: A resource guide for professionals,1998:35-44.

[92] BAUMRIND D. The influence of parenting style on adolescent competence and substance use[J]. The journal of early adolescence,1991,11(1):56-95.

[93] 李明蔚,毛亚庆,顾欣.教师社会情感能力对学生社会情感能力的影响:多重中介效应分析[J].教师教育研究,2021,33(6):24-31.

[94] 陈向明.质的研究方法与社会科学研究[M].北京:教育科学出版社,2000.

[95] 冯月,郭静静,温国旗.隔代教养方式调查问卷的编制与信效度检验[J].创新创业理论研究与实践,2020,3(7):169-170.

[96] 拉鲁.不平等的童年[M].北京:北京大学出版社,2009.

[97] ESTHER C L GOH, LEON KUCZYNSKI. "Only children" and their coalition of parents: Considering grandparents and parents as joint caregivers in urban Xiamen[J]. Asian journal of social psychology,2010,13(4):221-231.

[98] ROGERS E, BELL L, MEHTA K. Exploring the role of grandparents in the feeding of

grandchildren aged 1-5 years[J]. Journal of nutrition education and behavior, 2019, 51(3): 300-306.

[99] 朱永新. 新家庭教育论纲：新教育在家庭教育上的探索与思考[J]. 湖南教育出版社, 2020.

[100] GOH, ESTHER C L. Raising the precious single child in urban China-an intergenerational joint mission between parents and grandparents[J]. Journal of intergenerational relationships, 2006, 4(3): 6-28.

[101] CIARROCHI J, HEAVEN P C, SUPAVADEEPRASIT S. The link between emotion identification skills and socio-emotional functioning in early adolescence: A 1-year longitudinal study[J]. Journal of adolescence, 2008, 31(5): 565-582.

[102] FRANZ C E, MCCLELLAND D C, WEINBERGER J. Childhood antecedents of conventional social accomplishment in midlife adults: A 36-year prospective study[J]. Journal of personality and social psychology, 1991, 60(4): 586-591.

[103] KUCZYNSKI L, KOCHANSKA G. Function and content of maternal demands: Developmental significance of early demands for competent action[J]. Child development, 1995, 66(3): 616-628.

[104] KOHN A. By all available means: Cameron and Pierce's defense of extrinsic motivators[J]. Review of educational research, 1996, 66(1): 1-4.

[105] HODGKINSON S, GODOY L, BEERS L. Improving the lives of grandparents and grandchildren: Understanding and promoting intergenerational relationships[J]. Journal of family theory & review, 2016, 8(3): 317-330.

[106] GURIAN M. Leadership and the sexes: Using gender science to create success in business[M]. New York: John Wiley & Sons, 2008.

[107] KOSTELNIK M J, GRADY M L. Getting it right from the start: The principal s guide to early childhood education[M]. Thousand Oaks: Corwin press, 2009.

[108] 胡杰容, 马德峰. 独生子女社会化研究述评[J]. 青年研究, 2000(12): 61-65.